「通古察今」系列丛书

清代古今图书集成馆研究

项旋 著

河南人民出版社

图书在版编目(CIP)数据

清代古今图书集成馆研究 / 项旋著 . — 郑州 : 河南人民出版社, 2019. 12 (2025. 3 重印)
("通古察今"系列丛书)
ISBN 978-7-215-12020-4

Ⅰ. ①清… Ⅱ. ①项… Ⅲ. ①百科全书-中国-清代 ②《古今图书集成》-研究 Ⅳ. ①Z225

中国版本图书馆 CIP 数据核字(2019)第 270883 号

河南人民出版社 出版发行

(地址:郑州市郑东新区祥盛街 27 号 邮政编码:450016 电话:0371-65788077)
新华书店经销　　　　　　　环球东方(北京)印务有限公司印刷
开本　787mm×1092mm　　　1/32　　　印张　10.125
字数　146 千
2019 年 12 月第 1 版　　　　　　　2025 年 3 月第 3 次印刷

定价:58.00 元

"通古察今"系列丛书编辑委员会

顾　问　刘家和　瞿林东　郑师渠　晁福林
主　任　杨共乐
副主任　李　帆
委　员　(按姓氏拼音排序)
　　　　安　然　陈　涛　董立河　杜水生　郭家宏
　　　　侯树栋　黄国辉　姜海军　李　渊　刘林海
　　　　罗新慧　毛瑞方　宁　欣　庞冠群　吴　琼
　　　　张　皓　张建华　张　升　张　越　赵　贞
　　　　郑　林　周文玖

序 言

在北京师范大学的百余年发展历程中,历史学科始终占有重要地位。经过几代人的不懈努力,今天的北京师范大学历史学院业已成为史学研究的重要基地,是国家首批博士学位一级学科授予权单位,拥有国家重点学科、博士后流动站、教育部人文社会科学重点研究基地等一系列学术平台,综合实力居全国高校历史学科前列。目前被列入国家一流大学一流学科建设行列,正在向世界一流学科迈进。在教学方面,历史学院的课程改革、教材编纂、教书育人,都取得了显著的成绩,曾荣获国家教学改革成果一等奖。在科学研究方面,同样取得了令人瞩目的成就,在出版了由白寿彝教授任总主编、被学术界誉为"20世纪中国史学的压轴之作"的多卷本《中国通史》后,一批底蕴深厚、质量高超的学术论著相继问世,如八卷本《中国文化发展史》、二十卷本"中国古代社会和政治研究丛书"、三卷本《清代理学史》、五卷本《历史文化认同与中国统一多民族国家》、二十三卷本《陈垣全集》,

以及《历史视野下的中华民族精神》《中西古代历史、史学与理论比较研究》《上博简〈诗论〉研究》等,这些著作皆声誉卓著,在学界产生较大影响,得到同行普遍好评。

除上述著作外,历史学院的教师们潜心学术,以探索精神攻关,又陆续取得了众多具有原创性的成果,在历史学各分支学科的研究上连创佳绩,始终处在学科前沿。为了集中展示历史学院的这些探索性成果,我们组织编写了这套"通古察今"系列丛书。丛书所收著作多以问题为导向,集中解决古今中外历史上值得关注的重要学术问题,篇幅虽小,然问题意识明显,学术视野尤为开阔。希冀它的出版,在促进北京师范大学历史学科更好发展的同时,为学术界乃至全社会贡献一批真正立得住的学术佳作。

当然,作为探索性的系列丛书,不成熟乃至疏漏之处在所难免,还望学界同人不吝赐教。

北京师范大学历史学院
北京师范大学史学理论与史学史研究中心
北京师范大学"通古察今"系列丛书编辑委员会
2019 年 1 月

目 录

绪 论 \ 1
  一、选题意义 \ 1
  二、学术史回顾 \ 6
  三、研究方法与资料来源 \ 19
    （一）研究方法 \ 19
    （二）资料来源 \ 20

第一章 古今图书集成馆的开馆背景与前期准备 \ 22
  一、古今图书集成馆的开馆背景 \ 22
    （一）前代官方开馆修书及类书编纂 \ 22
    （二）清初的文化政策与编书之风 \ 30
  二、前期工作：《汇编》的编纂与进呈 \ 35
    （一）《汇编》缘起及编纂 \ 35

（二）《汇编》修订与进呈 \ 49

第二章　古今图书集成馆的开设与复开 \ 55

一、康熙朝古今图书集成馆的开设 \ 55
　（一）集成馆开馆时间考订 \ 55
　（二）集成馆开馆地点再考 \ 61
　（三）康熙朝集成馆纂修进度及成效 \ 72
二、雍正朝古今图书集成馆的复开 \ 83
　（一）雍正帝对集成馆的清洗与复开 \ 83
　（二）雍正朝集成馆成效及评价 \ 88

第三章　古今图书集成馆的组织管理与纂修人员 \ 99

一、集成馆的日常运作与协调 \ 99
　（一）集成馆与武英殿修书处的协调关系 \ 99
　（二）书籍资料及经费来源 \ 112
二、纂修人员的选拔与分工 \ 120
　（一）集成馆纂修人员的选拔 \ 120
　（二）集成馆纂修人员的分工 \ 125
三、纂修人员的议叙 \ 151
四、纂修人员的构成特点 \ 158

目 录

第四章　铜字馆与《古今图书集成》的刊刻 \ 172

一、集成馆与铜字馆 \ 172

二、《古今图书集成》铜活字的制作与刊印 \ 181

三、《古今图书集成》铜活字的保存及最终去向 \ 200

第五章　多重视野下的集成馆与《古今图书集成》\ 205

一、皇位继承与集成馆兴废 \ 205

二、从《古今图书集成》到《四库全书》\ 218

　（一）乾隆帝对《集成》的高度赞赏和利用 \ 218

　（二）《古今图书集成》与《四库全书》\ 224

三、流风余韵：时代变迁中的《古今图书集成》\ 231

　（一）雍、乾间铜版《集成》的赏赐、陈设与回缴 \ 232

　（二）近三百年铜版《集成》流传海外史 \ 268

　（三）铜版《集成》现存情况及收藏地考 \ 276

总结与思考 \ 294

一、总结 \ 294

二、思考 \ 298

参考资料 \ 302

一、档案 \ 302
二、官书典籍 \ 304
三、方志、年谱、家谱 \ 306
四、参考著作 \ 307
五、参考论文 \ 309
（一）期刊论文 \ 309
（二）学位论文 \ 312

绪 论

一、选题意义

《古今图书集成》(以下简称《集成》)是我国现存最大的一部类书,也是中国铜活字印刷史上卷帙最为浩繁的一部典籍,对传统学术文化发展有着深远影响。是书采集广博,内容丰富,正文10 000卷,目录40卷,共1.6亿字,分为5020册、520函,内容分为6汇编、32典、6117部。全书按天、地、人、物、事的次序展开,规模宏大、分类细密、纵横交错,成为查找清初以前资料文献的一部重要的百科全书。《集成》印成之后,时人就把它与《永乐大典》相提并论,甚至认为《集成》在分类体系、内容选取等方面超过了《永乐大典》。曾受赐得到两部《集成》的雍正朝宠臣张廷玉认为,"自有书契以来,以一书贯穿古今,包罗万有,未有如我朝《古今图书集成》者",说《集成》是"册府之巨观,为群书之渊海","实为古今未有之奇书",并认为该书在体例和剪裁厘正方面,比之于《永乐大典》"有霄壤之别矣"[1]。乾隆帝更是赞不绝口:"我皇祖《古今图书集成》凡一万卷,虽无《永乐大典》之多,而考核精当,不似彼限韵割裂"[2],"征引之富,卷帙之多,考核之精,皆从古所未有也"[3]。清代学者法式善认为:"《太平御览》一千卷。……《文苑英华》一千卷。……《册府元龟》一千卷。……是三书者,极瑰伟之观矣。若明之《永乐大典》二万余卷,则尤繁富。依韵排类,终伤雅道。然宋元以后之书,赖此而存。至于我朝之《古今图书集成》《四库全书》则荟萃古今载籍,或分或合,尽美尽善,发凡起例,纲举目张,猗欤盛哉!"[4]

---

[1] 〔清〕张廷玉:《澄怀园语》卷一,清乾隆刻本,国家图书馆古籍馆藏。
[2] 〔清〕弘历:《御制诗四集》卷三三,清乾隆三十七年(1772)内府刻本。
[3] 〔清〕弘历:《御制诗四集》卷四八,清乾隆三十七年(1772)内府刻本。
[4] 〔清〕法式善:《陶庐杂录》卷四,涂雨公点校,中华书局,1959,第111页。

这一观点今天也得到了不少海外学者的赞同，如美国夏威夷大学教授杰里·本特利在其颇具影响力的著作《新全球史：文明的传承与交流》中说："康熙的《古今图书集成》(Collection of Books)比《永乐大典》的规模要小一点，但是更具影响力，因为皇帝将其印制并分发，而《永乐大典》只有两套手抄本。"[1]

铜版《集成》当时只印就60余部，印数极少，往往"求一见不可得"。为此，有的学者不辞辛劳，远道访求。道光年间江苏常熟学者张金吾及其师黄廷鉴，赶赴浙江桐乡乌镇，借读鲍氏知不足斋所藏之《集成》，每天分读数十册，发现金代遗文数篇，收入《金文最》。康有为授业师朱次琦也曾到孔氏岳雪楼借读《集成》长达三月[2]。到了近现代，《集成》仍是学人常常利用的重要资料，竺可桢撰写《中国近五千年来气候变迁的初步研究》时，大量使用《集成》历象汇编中《天象典》和《岁功典》的资料。《集成》也受到了

---

[1] 〔美〕杰里·本特利、赫伯特·齐格勒：《新全球史：文明的传承与交流》，北京大学出版社，2007，第781页。

[2] 〔清〕康有为：《康有为全集》第10集，中国人民大学出版社，2007，第180页。

国外学者的重视，因其系康熙帝敕令编纂并御赐书名而被海外学者尊称为"康熙百科全书"，世界著名的图书馆几乎都收藏有不同版本的《集成》。为了使用方便，日本文部省编制了《古今图书集成分类目录》，英国则出版了翟斯理编制的《古今图书集成索引》[1]。剑桥大学著名学者李约瑟教授撰写《中国科学技术史》时常常参考《集成》，并大量引用其中的资料和插图，他在所列参考文献的类书部分提到："我们经常查阅的最大的百科全书是《古今图书集成》……这是一件无上珍贵的礼物，我真不知道怎样表示我的感谢。"[2]

《集成》的最初雏形为陈梦雷的私纂作品[3]——《汇编》，于康熙四十年（1701）十月开始编纂，至四十五年（1706）四月初稿完成。康熙五十五年（1716）呈进给康熙帝，康熙帝赐名《钦定古今图书集成》，并下旨设立"古今图书集成馆"（以下简称集成馆）。集成

---

[1] 据统计，《集成》篇幅为《大英百科全书》的4倍。参见张旭光：《文史工具书评介》，齐鲁书社，1986，第469页。

[2] 〔英〕李约瑟：《中国科学技术史》第1卷，科学出版社、上海古籍出版社，1990，第46页。

[3] 《汇编》编纂过程中得到亲王允祉的大力支持，也有半官方的性质。

馆纂修人员在《汇编》的原有基础上继续增修,专人分修各典,大量补充资料。清廷大约在康熙五十九年(1720)始以铜活字印刷《集成》,印刷进展顺利,康熙六十一年(1722)末已刷印9621卷。雍正帝即位后,清理原有集成馆中陈梦雷等十余名纂修人员,其后任命蒋廷锡为新的集成馆总裁,率领60名纂修人员继续完成《集成》的纂修、校订工作。雍正三年(1725)首部《集成》告成,装潢进呈,集成馆也随之闭馆。可以说,《集成》的成功编纂、刷印,除了离不开陈梦雷以个人之力私纂的功绩外,跨越两朝、存续近十年的集成馆对《集成》的编纂、成稿乃至最终的刻印也功不可没。除了总裁陈梦雷外,尚有近百名集成馆纂修人员参与了编纂、校订、分修、分纂、刷印等工作(如杨绾分纂《字学典》,金门诏分纂《经籍典》等),这些纂修人员的贡献不容抹杀。实际上,集成馆开馆规模之大,投入力量之多,专业性之强,在中国历代类书编纂史上都是可圈可点的。此外,集成馆开馆期间,康熙、雍正二帝的态度明确、积极,支持力度也很大,这一事实改变了以往认为康熙不重视《集成》纂修的看法。而雍正朝集成馆在康熙朝工作的基础上继续进行校订和刊印工作，并最终于雍正六年（1728）完成《集成》这部旷古未有的皇皇巨著，其贡献也不容忽视。

20世纪80年代以来，《集成》得到了学界较大关注，相关的研究论著也越来越丰富，但限于资料，关于《集成》的纂修情况，特别是对集成馆的研究仍然有许多薄弱环节，诸如集成馆的开馆时间、开馆地点、铜活字刊刻等基本问题，学界或有争议，或存在进一步拓展空间。笔者希望借助新发掘的文集、方志、家谱、档案等第一手资料，力图对集成馆的纂修情况，包括开馆时间、开馆地点、纂修人员、组织管理、铜活字刊刻等问题一一考实，从而勾勒出集成馆的整体面貌，弥补学界研究的薄弱环节。

二、学术史回顾

关于《集成》的研究综述，已有台湾詹惠媛的《〈古今图书集成〉研究回顾（1911—2006）》[1]，该文对近百

---

[1] 詹惠媛：《〈古今图书集成〉研究回顾（1911—2006）》，《汉学研究通讯》2008年第27卷第3期，第16—29页。

年来《集成》的研究情况作了全面的梳理和总结,用力甚深,兹不赘述。笔者主要梳理与集成馆密切相关的《集成》纂修学术史。

近代以来,学术界关于《集成》的纂修情况[1]研究开始很早。其发轫于民国时期,万国鼎的《古今图书集成考略》[2]为研究之开端;后有袁同礼的《关于图书集成之文献》[3]和张鉴的《古今图书集成再考》[4],对《集成》的纂修过程和研究参考的文献加以介绍和辨析,厘清了不少问题。新中国成立以后,海内外学界再次将焦点集中在《集成》研究上,取得的成果十分丰硕。谢国桢、胡道静、王钟翰、杨玉良、裴

---

[1] 关于学界对《古今图书集成》的研究论著,可参考裴芹的《〈古今图书集成〉研究论著目录》(载《文教资料》1994年第1期)以及台湾詹惠媛的《〈古今图书集成〉研究回顾(1911—2006)》(载《汉学研究通讯》2008年第27卷第3期,第16—29页)。

[2] 万国鼎:《古今图书集成考略》,《图书馆学季刊》1928年第2卷第2期,第235—245页。

[3] 袁同礼:《关于图书集成之文献》,《图书馆学季刊》1932年第6卷第3期,第403—406页。

[4] 张鉴:《古今图书集成再考》,《新中华》1936年第4卷第4期,第17—26页。

芹、詹惠媛、苗日新[1]等众多学人先后著文，主要从《集成》与古代类书发展的关系、与清代编书之风的关系，《集成》的编纂者、结构体例、按注、方志、版本等各方面探讨了《集成》的相关问题。其中，《集成》的纂修问题成为学界共同关注的焦点，尤以胡道静、杨玉良、裴芹三位先生的研究成果最为学界所瞩目。胡道静《〈古今图书集成〉的情况、特点及其作用》、杨玉良《〈古今图书集成〉考证拾零》和裴芹《〈古今图书集成〉编纂考》三文，从陈梦雷所著《松鹤山房诗文集》、第一历史档案馆所藏内务府档案、《雍正朝汉文朱批奏折》中爬梳文献，考证史实，大大推进了以往的研究，使得学界对《集成》的纂修过程有了较深入的了解。

---

[1] 谢国桢：《陈则震事辑》，载《明清笔记谈丛》，中华书局，1960；胡道静：《〈古今图书集成〉的情况、特点及其作用》，《图书馆》1962年第1期；王钟翰：《陈梦雷与〈古今图书集成〉及助编者》，《燕京学报》2000年第8期，亦载氏著《清史余考》，辽宁大学出版社，2001；杨玉良：《〈古今图书集成〉考证拾零》，《故宫博物院院刊》1985年第1期；裴芹：《〈古今图公集成〉康熙敕命开局编纂说质辨》，《文献情报学刊》1990年第4期以及《〈古今图书集成〉编纂考》，载《古今图书集成研究》，北京图书馆出版社，2001；詹惠媛：《〈古今图书集成·经籍典〉体制研究》，载潘美月、杜洁祥主编：《古典文献研究辑刊》八编，花木兰文化出版社，2009；苗日新：《熙春园·清华园考——清华园三百年记忆》，清华大学出版社，2010。

绪 论

关于《集成》的纂修问题,学界已取得的研究成果可归纳为如下几个方面:

第一,廓清迷雾,确定陈梦雷才是《集成》的真正编纂者。胡道静认为:"《集成》实际上是陈梦雷一手完成的,但是这部书上并没有他的名字,而是署上了雍正时经筵讲官、户部尚书蒋廷锡的名义,这是因为《集成》初稿完成后,在修订的时期中,清朝封建统治阶级内部发生了政治斗争,在冲突的过程里,陈梦雷做了无辜的牺牲者,被再度流放到东北去,而《集成》的编纂名义也被刮得干干净净,既在书中不见只字。"[1] 杨玉良则认为:"纵观全书形成的整个经过,不难看出《集成》是在诚亲王胤祉的主持下,由陈梦雷一手经营而成的。蒋廷锡接管后并未通部重辑和改印,其'增删'、'考订'的三千多卷,实际上也只是对原作的整理。因此,说《集成》是'蒋廷锡编辑'或是'蒋廷锡重辑'是不合史实的。"[2] 正如裴芹所总结的:"现

---

[1] 胡道静:《〈古今图书集成〉的情况、特点及其作用》,《图书馆》1962年第1期,第32页。
[2] 杨玉良:《〈古今图书集成〉考证拾零》,《故宫博物院院刊》1985年第1期,第34页。

在出版界、学术界公认陈梦雷是《古今图书集成》的编者了","贬低乃至抹煞陈梦雷编纂《古今图书集成》作用的首倡者是雍正皇帝",《古今图书集成》从陈梦雷开始酝酿构思《汇编》,到蒋廷锡校印《古今图书集成》完毕,雍正皇帝作序颁行,历经二十七八个年头,是许多人努力的结果。陈梦雷、允祉、康熙皇帝、雍正皇帝,缺少任何一人的力量都是不成的。其中直接与力最多的是陈梦雷,他几乎参加了《集成》编印的全过程,只是在功亏一篑之时才被迫离开的,称他为《古今图书集成》的编者,当之无愧。"[1]

第二,根据有限资料初步认定康熙间曾经开馆纂修《集成》。如胡道静、杨玉良、裴芹和苗日新均持这一观点。所依据的主要材料是《十朝诗乘》所称的"设馆于康熙丙申",康熙丙申即康熙五十五年(1716),以及征引萧一山《清代通史》、吴则虞《版本通论》卷九所谓"越十年进呈,赐名《古今图书集成》"的说法。裴芹则借助考证《集成》所收录之书最晚迟至康熙五十七年(1718),间接证明此说法。

第三,集成馆的开馆时间、开馆地点和《集成》

---

[1] 裴芹:《〈古今图书集成〉编纂考》,载《古今图书集成研究》,北京图书馆出版社,2001,第27、41页。

刻印地。关于集成馆开馆于何时何地,《集成》刻印地等基本问题,如前所述,学界争论较大。传统观点大都认为集成馆设在武英殿,其道理似乎是不言自明的,但有限资料却不足以确证,留下了较大的研究空间。

第四,集成馆纂修人员。在这一方面,学界研究相当薄弱。清人梁章钜《归田琐记》卷四说:"吾乡相传国朝《图书集成》一书成于陈省斋之手,实未核也……《图书集成》之成帙非省斋所能专其功。"[1] 但早期的研究者还是坚持认为陈梦雷为唯一的编纂者,《集成》为私修作品。近年来,许多学者意识到单靠陈梦雷一人难以完成如此卷帙浩繁的《集成》,因此开始注意挖掘其他编纂者。如王钟翰认为,"绝不像有的人所说的那样,上万卷的《古今图书集成》大部头书出之陈梦雷一人之手,独立完成的",编纂者除了陈梦雷之外,可考的尚有杨文言、林佶、金门诏、汪汉倬。王先生断言,除了这些编者之外,"必尚有其人,惜今未及一一考出耳"。[2] 杨玉良证明了这一推测,她根据新发现的内务府档案——蒋廷锡雍

---

[1] 〔清〕梁章钜:《归田琐记》卷四,清道光二十五年(1845)刻本,国家图书馆藏。
[2] 王钟翰:《陈梦雷与〈古今图书集成〉及助编者》,《燕京学报》2000年第8期,第198页。

正元年(1723)正月《奏报办理古今图书集成情形并编校人员去留情形折》、雍正三年(1725)十二月《奏请照修书各馆之例议叙古今图书集成编纂校对人员折》，发掘出了部分纂修人员姓名及雍正重新开馆后的分工情况[1]，大大推进了对集成馆纂修人员的研究。

第五，《集成》铜活字刊刻诸问题。清代内府铜活字是中国活字印刷史、出版史中的经典论题。学界关于清代内府铜活字的研究论著数量众多[2]，但由于官方

---

[1] 杨玉良：《〈古今图书集成〉考证拾零》，《故宫博物院院刊》1985年第1期，第32—35页。

[2] 择其重要者，主要有张秀民：《清代的铜活字》，原刊《文物》1962年第1期，亦载《张秀民印刷史论文集》，印刷工业出版社，1988，第252页；张秀民、韩琦：《中国活字印刷史》，中国书籍出版社，1998；卢秀菊：《清代盛世之皇室印刷事业》，载《中国图书文史论集》，现代出版社，1992，第33—74页；北京故宫博物院图书馆、辽宁省图书馆编：《清代内府刻书目录解题》，紫禁城出版社，1995；范景中：《铜活字套印本〈御制数理精蕴〉》，《故宫博物院院刊》1999年第2期，亦载上海图书馆历史文献研究所编：《历史文献》第2辑；潘吉星：《中国金属活字印刷技术史》，辽宁科学技术出版社，2001；翁连溪：《谈清代内府的铜活字印书》，《故宫博物院院刊》2003年第3期；翁连溪：《清代内府刻书图录》，北京出版社，2004，附录一，第43页；宋淑洁：《清代武英殿刻书研究——兼论殿本书籍的影响》，北京师范大学2007年硕士学位论文；曹红军：《〈古今图书集成〉版本研究》，《故宫博物院院刊》2007年第3期；裴芹：《陈梦雷"校正铜版"释考》，《文献》2009年第4期。

档案及实物资料的缺失，清代内府铜活字的制作目的、时间、地点、数量以及制作方法系铸造还是镌刻等问题的研究都极其薄弱，是学界重要的学术公案。裴芹就认为："用铜活字印刷《集成》是一个很大的工程，少不了皇帝的谕旨、臣子的奏折，可是康熙朝档案只字无载。因为文献阙如，致使众说纷纭。对此问题我在《〈图书集成〉研究》说'铜活字的制作是由古今图书集成馆完成的'，只从《四库全书总目提要》'校正铜版'四个字推想的，自觉论据十分单薄。"[1]

具体而言，学界围绕以下问题展开探讨：

1.《集成》铜活字的制作目的、时间和地点。学界对此持有不同看法。许多版本学和印刷史著作大都认为，雍正初年清廷为印刷《集成》而制作铜活字，地点在武英殿。如潘吉星在《中国金属活字印刷技术史》一书中说："皇四子胤禛与胤祉等争夺帝位取胜后即位，改元雍正（1723—1735），是为清世宗。他将胤祉词臣陈梦雷逐出，命蒋廷锡（1669—1732）对陈梦雷书稿重编，雍正四年（1726）完成，六年（1728）由

---

[1] 裴芹：《咨询，请教——关于〈松鹤山房诗文集〉铜活字》，载国学网：http://www.guoxue.com/lwtj/content/peiqin_gyshsfswjthz.htm。

武英殿修书处以内府铜活字排印66部,名为《钦定古今图书集成》。"[1] 李致忠认为:"陈梦雷为了使《古今图书集成》最终能够印行,就曾计划铸造铜活字,准备排印。这时康熙驾崩,雍正即位,到雍正三年(1725),便铸造了这套铜活字开始摆印《古今图书集成》。"[2] 张秀民先生的观点是:"(雍正帝)把陈梦雷多年的苦心一笔抹杀,并改名为《钦定古今图书集成》,分成一万卷,目录四十卷。于雍正四年(公元1726年)用铜字摆印了六十六部,每部五千二十册。"[3] 这种说法影响较大,近年出版的《活字本》亦称该书"雍正三年(1725)完成初稿,次年初世宗御制序文,于雍正四年(1726)以铜活字排印成书"[4]。关于铜活字制作地点,清人吴长元《宸垣识略》云:"武英殿活字板处在西华门外北长街路东。长元按:活字板向系铜铸。"[5] 认为

---

[1] 潘吉星:《中国金属活字印刷技术史》,辽宁科学技术出版社,2001,第94页。

[2] 李致忠:《历代刻书考述》,巴蜀书社,1990,第303页。

[3] 张秀民:《清代的铜活字》,载《张秀民印刷史论文集》,印刷工业出版社,1988,第251页。

[4] 徐忆农:《活字本》,江苏古籍出版社,2002,第139—140页。

[5] 〔清〕吴长元:《宸垣识略》,北京古籍出版社,1981,第55页。

铜活字制作地点在武英殿。但近年来,对于内府铜活字的制作目的和地点,也有人提出不同观点,认为内府铜活字乃为刷印《御制律历渊源》而制作,是在陈梦雷编校《汇编》时的郊外居所完成的。

2.《集成》铜活字的数量。清代学者包世臣认为有"数百十万个",[1] 也就是上百万个;麦高文认为是"二十三万个";法国儒连认为是"二十五万个"[2]。

3.《集成》铜活字的制作方法。现有文献中有两种截然不同的说法。主"铸造说"与主"镌刻说"者彼此争论不断,莫衷一是。如张秀民先生和卢秀菊先生均主张内府铜活字是刻成的,而非铸成的,潘吉星先生则认为是铸成的。[3]

---

[1] 〔清〕包世臣:《安吴论书》,咫进斋丛书第2集,清光绪九年(1883)刻本。
[2] 麦高文、儒连的说法参见英国翟斯理《钦定古今图书集成索引》导言,1911年伦敦出版。转引自张秀民:《清代的铜活字》,载《张秀民印刷史论文集》,印刷工业出版社,1988,第252页。
[3] 张秀民:《清代的铜活字》,载《张秀民印刷史论文集》,印刷工业出版社,1988,第252页;卢秀菊:《清代盛世之皇室印刷事业》,载《中国图书文史论集》,现代出版社,1992,第33—74页;潘吉星:《中国金属活字印刷技术史》,辽宁科学技术出版社,2001,第92—97页。

4.《集成》铜活字的去处。根据档案,在用铜活字刷印完《集成》《律吕正义》《数理精蕴》等内府书籍后,允禄奏议"今若仍用铜字,所费工价较之刊刻木板所差无多,究不能垂诸永久",建议将《御制律历渊源》木版刷印。此后的铜活字本内府书籍日益减少,这批铜活字被收贮起来,由武英殿"铜字馆"移交给"铜字库"管理。根据《钦定大清会典事例》,武英殿设"铜字库",置库掌一员,拜唐阿二名,专司铜字、铜盘及摆列等事。同时还雇摆字人,每月每人工食银三两五钱。刻铜字人,每字工银二分五厘。[1] 一般认为,乾隆初年,因京师钱贵,武英殿铜字库所存之内府铜活字全部销毁用于铸钱。追本溯源,最早提出这一看法的就是乾隆帝,《御制诗四集》卷二二《题武英殿聚珍版十韵有序》有诗句"毁铜惜悔彼,刊木此惭予"在"毁铜"一词下注:"康熙年间编纂《古今图书集成》,刻铜字为活版,排印蒇工,贮之武英殿,历年既久,铜字或被窃缺少,司事者惧干咎。适值乾隆初年京师

---

[1]〔清〕昆冈等纂:《钦定大清会典事例》卷一一九九,清光绪二十五年(1899)石印本。

钱贵,遂请毁铜字供铸,从之。"[1]这一观点影响很大,连当时朝鲜使臣都记载了下来[2]。张秀民也在《中国活字印刷史》一书中加以强调称:"管理人员监守自盗,恰巧北京钱贵,他们怕受罚,就建议毁铜铸钱。乾隆九年(1744)将铜字库所残存的铜字、铜盘统统销毁,改铸铜钱,真是得不偿失。"[3]

我们知道,类书是一种资料的汇编,是对既有文献的加工成果,以事物的内容为单元,加以选择、删节、提炼,重新组织编排,形成一种新形式的文献。[4]官修类书的编纂不同于著述,单凭一己之力难以完成,尤其是编纂卷帙浩繁的类书,更需要大量人员的协同合作才能完成。10 000卷的《集成》编纂,也非陈梦雷一人所能为之。实际上,明代编纂《永乐大典》,纂修人员多达3000余人,聚集了姚广孝、解缙等大量

---

[1] 〔清〕弘历:《御制诗四集》卷二二《题武英殿聚珍版十韵有序》,清乾隆三十八年(1773)武英殿刻本。

[2] 如成海应《燕中杂录·书籍·图书集成》就全文转引了乾隆的说法。载《研经斋全集·外集》卷六七,《韩国文集丛刊》,首尔民族文化推进会,2001,第258页。转引自金镐:《〈古今图书集成〉在朝鲜的传播与影响》,《东华汉学》2010年第11期,第241—272页。

[3] 张秀民、韩琦:《中国活字印刷史》,中国书籍出版社,1998,第88页。

[4] 见裴芹:《古今图书集成研究》,北京图书馆出版社,2001,第2页。

文士，也花费了数年时间。《集成》卷帙虽不如《永乐大典》之多，但在短时间内编纂完成这样一部高质量的类书，必然需要动用大量的纂修力量；档案也初步揭示康熙朝开了集成馆，大约有 80 名纂修人员参与其中。即便如此，我们仍存有很多疑惑：纂修人员的姓名、籍贯、年龄、入馆时间，他们的选拔、职务、分工、议叙情况，以及学识素养，等等。这些实际上都关乎《集成》的编纂质量、学术导向等重要问题。

综上所述，学界在《集成》的纂修研究方面成果丰硕，但围绕集成馆的开馆地点、开馆时间、纂修人员、铜活字刻印等问题，仍存在很大的拓展空间。诚如研究者所坦言，由于《集成》编纂过程之相关文献、传世档案甚少，借助编纂者陈梦雷《进汇编启》《告假疏》《水村十二景》等诗文著作可推测其早期的编纂过程，而康熙首次开馆及雍正复开的修订情况，目前所能依据的只有杨玉良先生所找到的内务府档案，即蒋廷锡雍正元年正月《奏报办理古今图书集成情形并编校人员去留情形折》、雍正三年十二月《奏请照修书各馆之例议叙古今图书集成编纂校对人员折》及相关史料，但是仅仅根据这些资料，我们难以复原康熙间集成馆的组织管理模式和纂修人员情况，诸多问题也未能得以澄清，仍处于一团迷雾状态。譬如，20世纪80年代前学界拨乱反正，公认陈梦雷为《集成》的编者，但这一观点存在很大的问题——过分强调陈梦雷以个人之力纂修《集成》。而最近的研究偏向于确认除了陈梦雷个人贡献之外，其他人也起了一定的作用。学界把《集成》的纂修分为四个阶段：草稿，进呈稿，修订稿，定稿。除了草稿外，其他每一个阶段都需要借助他人的力量，但他人的贡献有多大，做了什么样的工作，也只是一知半解。事实上，康熙间的开馆参与人员之多，专业性之强，都是超越之前草稿和雍正间修订稿的，在整个纂修阶段起了非常重要的作用。笔者从方志、文集、档案中爬梳出纂修人员近100人，弥补了这一缺憾，为研究《集成》的纂修提供了微观细致的研究基础。

三、研究方法与资料来源

（一）研究方法

1. 综合采用历史学和文献学等多学科视角，在严谨的历史叙述中，大量利用第一手档案资料，借鉴国内外关于《集成》编纂的最新研究成果进行严密的历史分析，同时深入探讨集成馆背后的政治文化现象。

2. 人物研究与文献研究的相互结合。

3. 个案研究与整体分析的相互结合。

（二）资料来源

历史研究能否顺利开展有赖于资料的丰富程度，尤其是第一手的档案资料，对推动相关研究至为重要。以往的《集成》研究主要是利用康雍朝朱批奏折、陈梦雷《松鹤山房诗文集》，所得资料较为有限。实际上，弄清集成馆的兴废原委、纂修人员的履历等问题，需要扩大史料挖掘的深度和广度，从看似零碎的史料中拼合出集成馆的整体面貌。近些年来，上谕档、内务府造办处档案等大量史料及集成馆纂修人员文集等资料的整理、影印出版，为我们解决以前悬而未决的问题提供了充分的资料保障，为探索集成馆的整体面貌提供了宝贵的文献资料。具体来说，从内务府档案、军机处档案、朱批奏折中可以发掘出集成馆开设、运作以及铜活字刊刻的重要谕旨、奏折，从方志等资料中可以梳理出集成馆纂修人员的行历和参与集成馆工作的具体细节，从文集、家谱资料中可以寻找到金门诏等集成馆纂修人员典型的个案材料。除此之外，笔者曾多次赴台北故宫博物院、台湾"中研院"历史语言研究所，搜集了数量相当可观的集成馆资料，为开展此项研究奠定了坚实的基础。

第一章 古今图书集成馆的开馆背景与前期准备

一、古今图书集成馆的开馆背景

（一）前代官方开馆修书及类书编纂

康熙朝设立古今图书集成馆（以下简称集成馆）编纂《集成》，在中国历代典籍编纂史上有清晰的脉络可寻，甚至可以说直接继承了中国历代官方开馆修书的传统。回溯历史，官方修书在中国典籍编纂史上占据绝对主导地位，而官方修书机构的设立则标志着官方修书体制的成熟和完善。先秦到东汉初年，没有专门的修书机构，当时的史官负责记录时事、起草文书、编纂典册等[1],他们是最早从事修书活动的群体,他们的修书行为被认为是"古代设馆修史制度的发轫"[2]。东汉明帝时期,兰台与东观成为国史著作之所,具有官方修书机构的雏形。刘知幾就说:"汉氏中兴,明帝以班固为兰台令史……斯则兰台之职,盖当时著述之所也。"[3]东汉桓帝延熹二年(159)"初置秘书监官"[4],"秘书监"既是职官之称,又是修书机构,集藏书、著书于一身。东汉以后,统治者对修书愈加重视,官方编纂典籍不断走向繁荣,也带动了修书机构的进一步完善和发展,西晋时期的"秘书局"、南北朝时期的"秘书省""文林馆"和"麟趾馆"等大都具有官方修书机构的性质。唐武德年间,依然沿袭前代旧制,秘书省负责官方修书活动,"因旧制,史官隶秘书省著作局"[5],"秘书监之职,掌邦国经籍图书之事。有二局:

---

[1] 关于先秦史官制度,具体可参见许兆昌:《周代史官文化——前轴心期核心文化形态研究》,吉林大学出版社,2001。
[2] 陈其泰:《设馆修史与中华文化的传承》,《清史研究》2003年第1期,第14页。
[3] 〔唐〕刘知幾:《史通·史官建置》,岳麓书社,1993,第107页。
[4] 〔汉〕班固:《后汉书·孝桓帝纪》,中华书局,2007,第89页。
[5] 〔宋〕王钦若等:《册府元龟》卷五五四《国史部·总序》,凤凰出版社,2006,第6337页。

一曰著作,二曰太史,皆率其属而修其职。"直到贞观三年(629),唐太宗始设史馆于禁中,将史馆独立出来,专修国史,"贞观三年闰十二月,始移史馆于禁中,在门下省北,宰相监修国史,自是著作郎始罢史职"。[1]至此,史馆由原来仅仅是对著作局的称呼,一变而为组织严密的实体修书机构。宋代,分置有史馆、国史院、实录院、起居院、时政记房、日历所、玉牒所、会要所等常设和临时性修书机构。[2]元初,置国史院,后改为翰林兼国史院,并定国史院官制。明代,因袭前元之制,史馆隶属翰林院,分为十馆。在官方修书机构的演变过程中,"唐以后,更形成了以国史馆、实录馆这些常设修史机构为基础,以其他各种临时性史馆相配合的修史体制"[3]。总体而言,在历代典籍编纂过程中,官方修书机构既有私人编纂者所无法比拟的优越性——能最大限度地动用人力、物力和财力等官方资源完成典籍编纂,又在把控典籍编纂的学术导向、

---

[1] 〔后晋〕刘昫等:《旧唐书》卷四三《职官志二》,中华书局,1975,第1855页。
[2] 参见王记录:《清代史馆与清代政治》,人民出版社,2009,第4页。
[3] 王记录:《清代史馆与清代政治》,人民出版社,2009,第5页。

第一章　古今图书集成馆的开馆背景与前期准备

体现官方政治意志等方面发挥着不可替代的作用。

在我国古代编纂的典籍中,类书作为中国古代特有的资料汇编性工具书,是不容忽视的文献种类。类书源远流长,种类繁多,就其特点和功用而言,兼有百科全书和资料汇编的性质,胡道静对此有精到的归纳:"我国古代类书是'百科全书'和'资料汇编'的综合体。"[1] 关于历代类书数量的统计,到现在为止,尚未有比较精确的统计数字。仅以收录和存目的《四库全书总目》著录情况看,所收各代类书共282种。张春晖在《类书的范围与发展》一文中根据初步调查,统计历代类书数量为497种[2];张涤华在《类书流别》一书中专门列类书"存佚"一章,统计为723种[3];赵含坤在《中国类书》中估计,清以前(包括清朝)各朝编纂的类书数量至少达到1400种[4],加上存疑、散佚的

---

[1] 胡道静:《中国古代的类书》,中华书局,1982,第5页。
[2] 张春晖:《类书的范围与发展》,《文献》1987年第1期,第181—183页。
[3] 张涤华:《类书流别》,商务印书馆,1985。
[4] 这一数字是根据赵含坤所列各朝数字累计的,具体为:魏晋南北朝57种,隋唐五代122种,宋辽金元朝代297种,明朝597种,清朝400余种。参见赵含坤:《中国类书》,河北人民出版社,2005。

类书，实际数字远不止如此。从类书的编纂者看，既有官方编纂的类书，也有私人编纂的；官修大型类书虽然在总体数量上不及私纂类书，但由于其官方背景和巨大的社会影响力，可以说在整个类书编纂史上独具一格。历朝统治者对类书的编纂都非常重视，往往一个新的王朝确立后，经济、政治有了稳定的发展，出于"文治"的需要，统治者即组织相当的力量编纂类书，作为王朝兴旺发达的标志。

我国古代的第一部类书——《皇览》就是官修的综合性类书。《三国志·文帝纪》："帝好文学，以著述为务，自所勒成垂百篇。又使诸儒撰集经传，随类相从，凡千余篇，号曰《皇览》。"《皇览》被视为中国最早的类书，王应麟就说"类事之书，始于《皇览》"[1]。《皇览》之后，历代王朝几乎都编纂有大型类书，官修类书层出不穷，出现了三个最盛时期：齐梁、唐宋、明清。梁武帝萧衍命诸学士编纂了《寿光书苑》《类苑》和《华林遍略》。北齐后主高纬效仿魏文帝编纂了《修文殿御览》。隋唐是类书编纂的发展时期，流传至今

---

[1]〔宋〕王应麟：《玉海》卷五四，江苏古籍出版社、上海书店，1987，第1025页。

的就有欧阳询所编《艺文类聚》、徐坚等人所编的《初学记》等。此外，书目记载的还有《文思博要》《三教珠英》等多种类书，其时的类书已经从杂家中分离出来，名为"类事家"。入宋，类书大盛，《宋史·艺文六》所载的宋人所编类书超过了300部，宋代帝王委派大臣，延揽当朝名人学士依据皇家藏书纂修类书，宋太宗、真宗时期朝臣奉敕编了几部大类书，如《册府元龟》《太平御览》[1]等，仅数量就多达千卷，可谓卷帙浩繁。明代的类书编纂无论是从数量还是质量上都达到了高峰，《明史·艺文志》著录类书83部27 186卷，而据黄虞稷《千顷堂书目》著录，明代类书共有150部左右[2]。其中的《永乐大典》，是中国历史上最大的一部类书，卷帙规模空前。就编修情况看：宋以前，类书多为官修，《皇览》《修文殿御览》《编珠》《艺文类聚》《初学记》均为奉敕编修；宋以后，官修类书无论是从规模还是质量上都独领风骚，形成了颇具特色的官方编纂类书的传统，绵延至今。

---

[1] 学界一般有"宋代四大书"之称，但对于《文苑英华》和《太平广记》是否可视作类书，学者们有不同的看法。
[2] 《文渊阁四库全书·史部·目录类》第676册，《千顷堂书目》。

历代统治者热衷于编纂类书的原因，大致可以归纳为几种：一是，类书编纂的主要目的之一，就是"利寻检，便省览"和"供采摭，备征引"，汇辑资料，为资政之用。明成祖朱棣就说："天下古今事物，散载诸书，篇帙浩穰，不易检阅。朕欲悉采各书所载事物，类聚之而统之以韵，庶几考索之便，如探囊取物。"[1]这是类书最原始的功能。洪湛侯在《类书的文献价值》中即总结类书主要有四方面的文献价值：查找各类资料、查考事物源流、辑录古书佚文、校勘古书文字[2]。二是，应科举之需要，备场屋之用。这与隋、唐以来的科举制度相关。正如宋宁宗庆元四年（1198）刘三杰在奏疏中所说："主司命题欲求实学，率皆采取传注，编摭故实，或搜求陈腐之类书，以备场屋之用。"[3]"类书初兴，本以资人君乙夜之览，故于古制旧事，最为详悉。及其流既广，文家渐用之以备遗忘，词臣渐作之以供遣用，于是采摭遂及于华藻。迨乎科举学盛，

---

[1]〔清〕法式善：《陶庐杂录》卷五，涂雨公点校，中华书局，1959，第170页。
[2] 洪湛侯：《类书的文献价值》，《文献》1980年第3期，第176—189页。
[3]〔清〕徐松：《宋会要辑稿·选举》，中华书局，1957，第4322页。

士子又据以为射策之资。"[1] 葛兆光《中国思想史》第2卷《七世纪至十九世纪中国的知识、思想与信仰》指出:"当一个朝代建立起来,不仅'四海承平,夷狄朝贡',而且'万民富庶,朝政清平',一切看上去都那么完美的时候,似乎思想的使命结束了,因为思想似乎失去了批评的对象,于是,它会迅速地沦落为一种依附于经典的知识,并在考试制度的挟迫下,被简约化为一些无意味的文本或公式,只是作为记忆和背诵的内容存在。"[2] 隋唐类书的大兴,与此有密切关系。三是,统治者借以稽古右文,以好文之名,行兴文治之实。欧阳修即说:"窃以右文兴化,乃致治之所先;著录藏书,须太平而大备。"[3] 除此之外,类书编纂也与统治者的政治意图大有关系,具有收拢人心、消弭不平之气的政治内涵。

---

[1] 张涤华:《类书流别》,商务印书馆,1985,第21—22页。
[2] 葛兆光:《中国思想史》第2卷,复旦大学出版社,2000,第75页。
[3] 〔宋〕欧阳修:《谢赐〈汉书〉表》,载《欧阳修全集》下册,中国书店,1986,第728页。

(二)清初的文化政策与编书之风

纵观历代王朝兴衰史,文治与武功并重,"成为衡量王朝兴衰、国家治乱的重要标志"[1]。统治者多标榜文治,特别是在王朝鼎盛时期,统治者倡导"稽古右文"政策,而其有效手段和常用方法就是大规模地整理、编纂典籍,盛世修书。清代是政治、经济高度发展的鼎盛时期,在政治稳定、经济发展、印刷发达的环境下,封建文化发展达到新高峰。清代的统治者特别是康熙帝大力提倡"稽古右文",兴儒尊贤,编纂典籍。康熙十九年(1680)四月初八日康熙帝在经筵中下旨议叙学士张英、高士奇等人,并特别提到其目的在于"以副朕崇儒重道,稽古右文至意"[2]。康熙二十五年(1686)四月康熙帝下诏广搜图书典籍,重申"稽古右文"政策:"谕礼部、翰林院:自古帝王致治隆文,典籍具备,犹必博采遗书,用充秘府。盖以广见闻而资掌故,甚盛事也。朕留心艺文,晨夕披览。

---

[1] 参见黄爱平:《中国古代的文化传统与图书编纂》,《理论学刊》2006年第10期,第91页。
[2] 《清圣祖实录》卷八九,中华书局,1985,第1129页。

虽内府书籍，篇目粗陈，而裒集未备。因思通都大邑，应有藏编，野乘名山，岂无善本。今宜广为访辑，凡经史子集，除寻常刻本外，其有藏书秘录，作何给值采集及借本抄写事宜，尔部院会同详议具奏。务令搜罗罔轶，以副朕稽古崇文之至意。"[1] 正是在清初统治者"稽古右文"政策的倡导下，一股编书之风油然兴起。

清代所编典籍数量，据《清史稿·艺文志》及其《补编》，以及后来的王绍曾所编《清史稿艺文志拾遗》的统计，共计 74 951 种，数量相当惊人。早在入关前，满族统治者高度认同汉族历史文化传统，以承继者的身份致力于汉文历史文献典籍的整理和编纂。努尔哈赤敕编有《明会典》《素书》《三略》，作为其施政用兵的参考。皇太极组织翻译《资治通鉴》《六韬》《孟子》《三国志》《大乘经》《武经》等大量的汉文典籍，节译辽、金、宋、元四史。顺治十二年（1655）正月，顺治帝谕令设立"大训馆"编纂《顺治大训》："朕惟平治天下，莫大乎教化之广宣；鼓动人心，莫先于观摩之有象……兹欲将历代经史所载，凡忠臣义士、孝子

---

[1]《清圣祖实录》卷一二五，中华书局，1985，第 331 页。

顺孙、贤臣廉吏、贞妇烈女及奸贪鄙诈、愚不肖等，分别门类，勒成一书，以彰法戒，名之曰《顺治大训》。"[1]该年四月，顺治帝又下谕旨："《实录》业已告成，朕欲仿《贞观政要》《洪武宝训》等书，分别义类，详加采辑，汇成一编，朕得朝夕仪型，子孙臣民，咸恪遵无，称为《太祖圣训》《太宗圣训》。"[2]康熙帝文治武功，下令编纂的典籍有《子史精华》《皇舆全览图》《律历渊源》《全唐诗》《清文鉴》《康熙字典》《古今图书集成》《广群芳谱》等，数量达60余种，2万余卷。这些官修典籍有一个共同的突出特点，即皆在皇帝的授意下进行，大多经过皇帝的审定和撰序，敕编之典籍从内容到形式都多少渗透着当朝统治者的政治倾向和意志，在一定程度上反映了其政治需要和文化导向。

清代官方编纂典籍，大都由独立的修书机构具体负责。清代的修书机构进一步完善，修书各馆名目繁多。对于清代修书各馆的类型，杨玉良的《武英殿修书处及内府修书各馆》、乔治忠的《清朝官方史学研究》以及沈原的《清代宫廷的修书机构》均有精深的研究。

---

[1]《清世祖实录》卷八八，中华书局，1985，第696页。
[2]《清世祖实录》卷九一，中华书局，1985，第716—717页。

第一章 古今图书集成馆的开馆背景与前期准备

一般而言,内府修书各馆可分为:常开之馆,如国史馆、方略馆、起居注馆等;例开之馆,如实录馆、圣训馆、玉牒馆、律例馆、则例馆等;特开之馆,如明史馆、会典馆、三通馆、三礼馆、一统志馆、古今图书集成馆、明纪纲目馆、四库全书馆等;阅时而开之馆,如会典馆、功臣馆等。[1]沈原则把修书各馆分为内廷和外朝:内廷常设修书机构有书房、文馆、内三院、内翻书房、南书房、尚书房、方略馆、武英殿修书处等,外朝则有起居注馆、国史馆以及各种临时性书馆。[2]康熙十九年(1680)以后,武英殿修书处成为内府重要的修书机构。北京故宫博物院图书馆所藏咸丰二年(1852)内府抄本《钦定总管内务府现行则例》武英殿修书处条有:"康熙十九年十一月,奉旨设立修书处,由内务府王大臣总其成,下设兼管司二人,以内务府官员兼任。下又设正监造员外郎一人,副监造、副内管领一人,委署主事一人。掌库三人,委署掌库六人,

---

[1] 杨玉良:《武英殿修书处及内府修书各馆》,《故宫博物院院刊》1990年第1期,第28—40页。关于开馆修书的四种类型,可参见乔治忠:《清朝官方史学研究》,台北文津出版社,1994,第5—6页。

[2] 沈原:《清代宫廷的修书机构》,载中国第一历史档案馆编:《明清档案与历史研究论文选》,国际文化出版公司,1995,第453—464页。

设有书作、刷印作。书作司界划、托裱等职；刷印作管理写样、刊刻、刷印、折配、装订等职。有拜唐阿十九名，委署领催四名。另设匠役若干，分别为书匠、界划匠、平书匠、刷印匠等，共八十四人，分办各作之事。"[1] 而康熙末年开设的集成馆就是临时性的修书馆，在组织架构和管理模式方面对清代修书各馆的体制有所继承，因其开设较早，又有其独特性。

《集成》的编纂，离不开清初编纂类书这一浓厚的文化氛围。清代的类书编纂数量并不逊于明代，尤其是官方所编类书，大都集中于雍正以前，清初出现了官修大型类书的盛况。康熙朝所编类书，按《四库全书总目》所载，就有《渊鉴类函》450卷、《佩文韵府》444卷、《佩文韵府拾遗》112卷、《骈字类编》240卷、《分类字锦》64卷以及《子史精华》160卷等。康熙帝日理万机之余，尤其重视以类书作为资政的工具查找资料文献。在《集成》之前，康熙帝即以"类书从无善本，惟《唐类函》略称赡备，宣推其体例，溅润增华"[2]，

---

[1] 北京故宫博物院图书馆藏咸丰二年（1852）内府抄本《钦定总管内务府现行则例》。

[2] 〔清〕张英等：《渊鉴类函》，中国书店，1985，卷首，第1—3页。

敕令儒臣张英等人,以《唐类函》为蓝本,参以《太平御览》、二十一史、子集稗编等编成《渊鉴类函》450卷。康熙帝为之作序云:"然则类书之作,其亦不违于圣人立言之意与!……学者或未能尽读天下之书,观于此而得其大凡,因以求尽其始终条理精义之所存,其于格物致知之功,修辞立诚之事,为益匪浅鲜矣。"[1]孔子没有著书立说,而删编众书,康熙引圣人所为之例,以述而不作之典故,大力组织编纂大型类书,这也在某种程度上为《集成》开馆编纂奠定了基础。

二、前期工作:《汇编》的编纂与进呈

(一)《汇编》缘起及编纂

根据裴芹、詹惠媛等人的已有研究,《集成》的编纂先后经过《汇编》初稿、《汇编》修订稿、康熙初次开馆定稿、雍正重行开馆校订稿[2]等几个稿本过程。

---

[1] 〔清〕张英等:《渊鉴类函》,中国书店,1985,卷首,第1—3页。
[2] 詹惠媛:《〈古今图书集成·经籍典〉体制研究》,载潘美月、杜洁祥主编:《古典文献研究辑刊》八编,花木兰文化出版社,2009,第69页。

其中,《汇编》的初稿和修订稿是由陈梦雷凭借个人之力编纂而成,与康、雍二朝开馆官方纂修的性质明显不同。可以说,《汇编》是《集成》的最初雏形,为《集成》的最后成型奠定了基础。厘清其中的渊源所在,就有必要探究从《汇编》到《集成》的历史过程。

《汇编》的编纂缘起与陈梦雷的个人际遇、人生沉浮密不可分。陈梦雷(1650—?),字则震,一字省斋,福建闽县人。康熙九年(1670)进士及第,十一年(1672)授翰林院编修,十二年(1673)回乡省亲,逢耿精忠叛乱,请陈梦雷共谋,陈梦雷佯病,与李光地共谋,设计送蜡丸给清廷。三藩之乱平定后,李光地因送腊丸青云直上,却隐瞒了陈梦雷的功劳,陈梦雷最终以从逆治罪,后经康熙下旨减刑免死,于康熙二十一年(1682)流放沈阳尚阳堡。康熙三十七年(1698),康熙帝东巡奉天,陈梦雷献诗称旨。康熙再次施恩,将陈梦雷召回京师。陈梦雷于十二月进京,给房给衣,暂住椒园教书。康熙三十八年(1699)夏入懋勤殿侍皇三子允祉读书,康熙三十九年(1700)五月到允祉王府行走,成为重要幕僚。康熙帝也曾三次赐御书给他,对他有"松高枝叶茂,鹤老羽毛新"[1]之赞,陈梦雷受宠若惊,遂以"松鹤老人"自号,将其诗文集命名为《松鹤山房诗文集》。允祉也赐衣赐园给他,可谓待遇优厚,异于常人。

康熙帝和允祉给了陈梦雷相当的礼遇和优裕的生活条件,陈梦雷深为感激,在入允祉王府后渐渐萌生了编纂一部大类书以报答一二的打算。经过一番酝酿准备,他于康熙四十年(1701)十月开始编纂《汇编》。《松鹤山房文集》卷二载有陈梦雷的《进汇编启》(以下简称《启》),详细阐述了《汇编》开始抄写和成书的时间、材料基础、组织结构及卷帙规模、编纂的起因和目的等:

> 为恭进汇编目录、凡例,冒恳慈恩代奏,乞赐暇回乡,省视父母坟墓,愿得终身图报事。雷以万死余生,蒙我皇上发遣奉天,又沐特恩召回京师侍我王爷殿下笔墨,恭遇我王爷殿下睿质天纵,笃学好古,礼士爱人,自庆为不世遭逢,思

---

[1] 〔清〕陈梦雷:《松鹤山房诗集》卷八,《续修四库全书》第 1415 册,上海古籍出版社,2002,第 720 页。

捐顶踵图报万一,无奈赋命浅薄,气质昏愚,读书五十载而技能无一可称,涉猎万余卷而记述无一可举。深恐上负慈恩,惟有掇拾简编,以类相从,仰备顾问。而我王爷聪明睿智,于讲论经史之余,赐之教诲,谓《三通》《衍义》等书详于政典,未及虫鱼草木之微;《类函》《御览》诸家,但资词藻,未及天德王道之大。必大小一贯,上下古今,类列部分,有纲有纪,勒成一书,庶足大光圣朝文治。雷闻命踊跃,喜惧交并,自揣五十年来无他嗜好,惟有日抱遗编,今何幸大慰所怀。不揣蚊力负山,遂以一人独肩斯任,谨于康熙四十年十月为始,领银雇人缮写。蒙我王爷殿下,颁发协一堂所藏鸿编,合之雷家经、史、子、集,约计一万五千余卷。至此四十五年四月内书得告成。分为汇编者六,为志三十有二,为部六千有零。凡在六合之内,巨细毕举,其在"十三经""二十一史"者只字不遗,其在稗史子集者,十亦只删一二。以百篇为一卷,可得三千六百余卷,若以古人卷帙较之,可得万余卷。雷三载之内,目营手检,无间晨夕,幸而纲举目张,差有条理。谨先誊目录、

第一章　古今图书集成馆的开馆背景与前期准备

凡例为一册上呈。伏惟删定赞修，上圣之事，雷何人斯，宁敢轻言著述？不过类聚部分，仰待我王爷裁酌，或上请至尊圣训、东宫殿下睿旨，何者宜存，何者宜去，何者宜分，何者宜合，定其大纲，得以钦遵检校。或赐发秘府之藏，广其未备。然后择于江南、浙江都会之地，广聚别本书籍，合精力少年，分部雠校，使字画不至舛讹，缮写进呈，恭请御制序文，冠于书首，发付梓人刊刻。较之前代《太平御览》《册府元龟》广大精详何止十倍？从此颁发四方，文治昭垂万世，王爷鸿名卓越，过于东平、河间。而草茅愚贱，效一日犬马之劳，亦得分光不朽矣！而更有冒昧上请者，雷自康熙十八年入京至今共二十八载……伏惟我王爷殿下天地父母之心推皇上以孝治天下德意，乞代为奏请，使得暂假归乡一哭。[1]

对于陈梦雷《启》所涉及的几个问题，需要辨析以下几点。

---

[1] 〔清〕陈梦雷：《松鹤山房文集》卷二《启四》，《续修四库全书》第1416册，上海古籍出版社，2002，第38—39页。

首先,关于《启》的撰写时间。裴芹、杨玉良等先生已作考证[1],但学界仍存争议,有康熙四十五年(1706)和康熙四十八年(1709)之歧说。笔者在前人基础上总结考辨,认为此《启》应写于康熙四十五年四月。一则,根据《启》所提及的"至此四十五年四月内书得告成","至此"应指陈梦雷进献《启》的时间,即康熙四十五年。二则,《启》中对允祉的称谓,数次提及"王爷殿下""王爷"。清代宗室男子爵位共分十二级,前四级分别是和硕亲王、多罗郡王、多罗贝勒、固山贝子。一般而言,和硕亲王和多罗郡王都可称作"王爷",而允祉于康熙三十七年(1698)三月封诚郡王。康熙三十八年(1699)九月,以在敏妃丧百日中剃头,降贝勒。康熙四十八年三月,晋诚亲王。按照常理,《启》称"王爷"当在康熙四十八年三月允祉晋诚亲王的之后,但文献记载中,也有称贝子为王爷的先例。如《世宗宪皇帝上谕八旗》卷三:"(允䄉)从前诈取明珠家银百万余两,将应赔钱粮抗不还项,携带数万金前往西宁,要买人心,所以地方人等俱有九王爷之称。伊不

---

[1] 裴芹认为该《启》写于康熙四十八年。参见裴芹:《古今图书集成研究》,北京图书馆出版社,2001,第33—34页。

第一章　古今图书集成馆的开馆背景与前期准备

过一贝子耳，何尝一日得居王位？尚未及贝勒职分，又安得漫称为王？无耻卑污之至，情甚可恶，洵属不识臣子大义悖乱之人。允禵著革去贝子，撤其佐领属下。并行文陕西督抚，嗣后仍有称允禵为九王爷者，定行提拿，从重治罪。特谕。"[1] 这虽是不许贝子称"王爷"的例子，但也可证在私下场合，康熙时仍有称贝子或者贝勒为王爷的做法，更何况陈梦雷是允祉的重要幕僚，允祉也曾在康熙三十七年三月封诚郡王，虽然随后被夺去郡王之爵，但幕僚在私信中依照先前惯例继续尊称他为"王爷"应该也是可能的。另外一个例证是，《松鹤山房文集》载有陈梦雷的一篇《告假疏》（以下简称《疏》），未署日期，《疏》后有陈梦雷特意加写的识语，云："此疏修于丙戌（康熙四十五年）之秋。再三哀恳吾王，未蒙赐允，竟未得达天听。从此遂患心痛之疾。"[2]《启》中也有告假的内容，对比两疏，内容文辞相当一致，特别是《启》文后说"雷自康熙

---

[1]〔清〕允禄:《世宗宪皇帝上谕八旗》卷三，雍正三年（1725）七月二十九日上谕，《文渊阁四库全书》本。

[2]〔清〕陈梦雷:《松鹤山房文集》卷一《疏三十二》，《续修四库全书》第1416册，上海古籍出版社，2002，第33页。

十八年入京至今共二十八载",《疏》言"臣今年五十有六,离家已二十八载"[1],所言离家(即入京)时间一致,都是28年,加算起来,正好是康熙四十五年。对这一时间的准确判定,有助于我们更好地理解《汇编》的编纂进程。

其次,关于《汇编》的编纂缘起。《启》说得很清楚:一则,为了报恩,陈梦雷以负罪之人,屡受康熙及皇三子允祉厚待,因此想借编书报答一二,即是《启》所说的"深恐上负慈恩,惟有掇拾简编,以类相从,仰备顾问"。二则,编纂《汇编》的直接动因是,允祉在讲论经史之余,论及《三通》等书详于政典,略于虫鱼草木之微,《太平御览》等书有资词藻,却未及天德王道之大,不尽如人意。因此陈梦雷主动提出编纂一部"大小一贯,上下古今,类列部分,有纲有纪"的大类书。应该说从一开始,允祉就是《汇编》的主要推动者,他给陈梦雷编书提供了协一堂的私人藏书、雇人抄写所需的钱粮等诸多便利,有力保证了编书活动的顺利进行。三是,陈梦雷个人有这样的夙愿和抱

---

[1] 〔清〕陈梦雷:《松鹤山房文集》卷一《疏三十》,《续修四库全书》第1416册,上海古籍出版社,2002,第32页。

负。《松鹤山房文集》卷一〇收有《重修郑夹漈先生草堂序》:"莆中郑夹漈先生当绍兴偏安之日,谢仕遗荣,读书山中,得以究极天人礼乐之全,下及山川草木虫鱼之细,贯串百家,成《通志》一书,使论次者得以搜求故实,志学者得以考究前闻,遂与杜氏《通典》、马氏《通考》三书并峙宇宙。盖其为功于世道人心伟矣!余幼年不自揣量,谬思合三书之长,更为之标纲区目,绘图立表,以扩其所未备而续其余。乃涉经多难,欲求如夹漈先生之闭户深山,百城坐拥,以进退千古,虽一日不可得,忽忽无成而身亦将老矣。"[1]对陈梦雷的深意,得一道人看得真切,评论道:"借题以发胸中所欲言。未几,大愿得售,遂使宇宙间成大不朽事业。真快事也。"[2]此"宇宙间成大不朽事业"正是后来成书的《汇编》(其时尚未命名为《集成》)。此序的写作时间,大概是在康熙四十年(1701)以前,也就是说,陈梦雷想要编纂一部大类书的想法,早已有之,并非

---

[1] 〔清〕陈梦雷:《重修郑夹漈先生草堂序》,载《松鹤山房文集》卷一〇《序一百十八》,《续修四库全书》第1416册,上海古籍出版社,2002,第139页。

[2] 〔清〕陈梦雷:《松鹤山房文集》卷一〇《序一百十九》,《续修四库全书》第1416册,上海古籍出版社,2002,第139页。

始自康熙四十年其着手编纂《汇编》之时,也并非始自康熙三十八年由辽东返回京师之时。可见,陈梦雷本人早年就想效仿乡贤郑樵,编写出一部像《通志》一样"究极天人礼乐之全,下及山川草木虫鱼之细,贯串百家"的大书。中国社会科学院的杨珍认为,在陈梦雷身上,鲜明地体现了儒家的入世精神,他的人生态度是积极的,也是功利的。他赦还京师后20多年中,没有官职名分,在政治舞台上是一位边缘人,但依然追求修齐治平理想,"素以天下为己任",对朝政时事极为关心。他不甘心在与李光地的较量中始终处于劣势,从事修纂等文事,企图借助储位之争,实现人生抱负。[1]

再次,关于《汇编》的体例、编纂时间、资料来源。陈梦雷康熙四十五年《疏》有进一步的阐述:

> 臣今年五十有六,离家已二十八载……卧病经旬……虽读书五十余年,阅历不止万卷而不能举其一二,深恐上负皇子贝勒使令,是用竭力于数年之内,皆自黎明,以至三鼓,手目不停,将

---

[1] 杨珍:《陈梦雷二次被流放及其相关问题》,《故宫博物院院刊》2011年第6期,第58—75页。

第一章　古今图书集成馆的开馆背景与前期准备

家中所有书籍万余卷，自上古至元、明，皆按代编次，共分类为六千余，约可及三千六百余卷。臣以独立检点，所抄写之人，字画粗率，未及校正，舛误之字尚多。然此书规模大略已定。先将凡例、目录誊写进呈皇子贝勒，其中或存或删，或分或合，俟贝勒裁定之后，聚集多人，细加雠校誊清，进呈御览，得蒙我皇上指示，方可成书。而臣数载之中，亦已精力俱竭，耳目俱昏，非稍休息则元气不能自支是用，沥血冒恳我皇上弘慈，乞暂赐臣回乡，往返不过七八月。……

此疏修于丙戌（康熙四十五年）之秋。再三哀恳吾王，未蒙赐允，竟未得达天听。从此遂患心痛之疾。梦雷谨识。[1]

如前所证，《启》写于康熙四十五年四月，《疏》写于康熙四十五年之秋，时间相差数月，二者结合起来考析，《汇编》的相关情况或许可以更加明晰。首先是《汇编》的体例，《启》言"分为汇编者六，为志

---

[1] 〔清〕陈梦雷：《松鹤山房文集》卷一《疏三十》，《续修四库全书》第1416册，上海古籍出版社，2002，第32—33页。

三十有二,为部六千有零",这里清楚地说明,陈梦雷《汇编》所做的工作包括:拟定凡例、目录,制定体例即汇编—志—部的三级类目等。《启》提到的凡例、目录可能在编纂之前已经编制完成,要完成《汇编》这样的一部大类书,没有提前设计好的体例是不合实际的。关于材料来源,《启》说:"蒙我王爷殿下,颁发协一堂所藏鸿编,合之雷家经、史、子、集,约计一万五千余卷……'十三经''二十一史'者只字不遗,其在稗史子集者,十亦只删一二。"《疏》则说,"将家中所有书籍万余卷,自上古至元、明"。这表明陈梦雷先是以自己藏书和允祉的藏书共15 000余卷为基础编纂的,择取的材料包括"十三经""二十一史"等经、史、子、集文献,收录的范围较广。需要注意的是,《汇编》收录资料的下限是明代,不包括清代,亦即有古无今,这与后来开馆编纂的《集成》包罗古今的资料收录范围有所不同,可见从《汇编》到《集成》,编纂方针仍有较大的改变。另外,《启》和《疏》都提出了对进一步修订的设想与要求。《疏》言:"俟贝勒裁定之后,聚集多人,细加雠校誊清,进呈御览。"《启》说:"或上请至尊圣训、东宫殿下睿旨,……赐发秘府之藏,广其未备。然后择于江南、浙江都会之地，广聚别本书籍，合精力少年，分部雠校，……缮写进呈，恭请御制序文，……发付梓人刊刻。"二者都表明，陈梦雷对《汇编》的编纂、修订和刻印事先即有严密之计划，最终目的是由允祉上呈给康熙帝，恭请御制序文，刊刻印行。从后来的情况看，设立集成馆基本上也是按照陈梦雷的这一设想进行的，可以说为集成馆的设立和运作已经提前做了很好的铺垫。

最后，关于陈梦雷编纂《汇编》的具体卷数，康熙诏开集成馆最后定稿的是10 000卷，《启》言："以百篇为一卷，可得三千六百余卷，若以古人卷帙较之，可得万余卷。"似乎给人一种印象，《汇编》根据"颁发协一堂所藏鸿编，合之雷家经、史、子、集，约计一万五千余卷"编纂，即达到了万余卷，换而言之，《集成》开馆编纂从篇幅而言，并未突破《汇编》，只是做了小幅度的增删。笔者认为，陈梦雷的《汇编》应该只是他在《启》中所说的"以百篇为一卷，可得三千六百余卷"，事实上，见过《汇编》原稿的陈梦雷友人都只称"三千余卷"或者"三千六百余卷"，这也反映出《汇编》在时人看来就是这样一个规模而非万卷,从15 000余卷中摘出10 000卷的条目来,恐怕也有选录过多过滥之嫌。如奉天李炜所写康熙四十八年序言:"凡有关于道统治化,象纬典制者悉考订为汇编,为卷三千六百有奇。"[1]康熙五十二年(1713)十月朔,钱塘乔逸人序《松鹤山房诗文集》云:"(陈梦雷)诗文在闽中作者,多余所鉴定。其在留都及京邸之作与夫《汇编》之纂,余亦尝寓目焉。"[2]王掞的序说:"同年陈省斋先生间关塞外十有余年,蒙恩赐还,召入禁,近侍诚亲王殿下辅导,先后以文章为职业。先生于是研精覃思,撰集类书三千余卷,牢笼三才,囊括万有,此书成,于以藏之名山,传之其人,洵不朽之盛业矣。"[3]长白能吉图之序则说:"闻蒙恩赐还,召入内廷侍皇三子殿下辅导,先后以文章为职业。先生学博而精,事简而当,善体人情,曲尽物理,覃详研思,撰集汇编三千余卷,剖裂三才,囊括万有,自汉唐以来

---

[1] 〔清〕陈梦雷:《松鹤山房诗序》,《续修四库全书》第1415册,上海古籍出版社,2002,第535页。

[2] 〔清〕陈梦雷:《松鹤山房诗集序》,《续修四库全书》第1415册,上海古籍出版社,2002,第529页。

[3] 〔清〕陈梦雷:《松鹤山房诗集序》,《续修四库全书》第1415册,上海古籍出版社,2002,第530页。

未曾有，而复以忠孝节义之怀散而见之于篇什。"[1] 从《集成》收录资料之广博繁复和集成馆纂修人员的具体分工来看，万卷《集成》绝不可能是对《汇编》简单的删改，卷帙规模也非《汇编》所能比。从收录内容看，《集成》大量补充了清代的文献材料，尤其是方志、则例、谕旨等官编书籍。补充的材料有些是康熙五十五年（1716）以后才产生的，由此可以证明它们是开馆后修订时加进去的，补充的内容几乎涉及所有的典、部。平心而论，万卷规模《集成》的编就，有陈梦雷发凡起例、编纂"三千六百余卷"的贡献，也离不开其他纂修人员的付出。

（二）《汇编》修订与进呈

陈梦雷入狱、流放、返京，其间父母去世，已多年不曾回原籍，一直想回乡省视父母坟墓，故在《汇编》初稿完成后，多次请假。《松鹤山房文集》保存了他康熙四十八年（1709）、四十九年（1710）的两篇"请假疏"，但皆未得到允准。在此期间，陈梦雷仍在对

---

[1]〔清〕陈梦雷：《松鹤山房诗集序》，《续修四库全书》第1415册，上海古籍出版社，2002，第533页。

《汇编》进行校订,《水村十二景有引》提到:"村在城西北……吾王殿下购得,命余居之,兼赐河西田二顷,俾得遂农圃之愿也。续建斗阁三楹,晨夕祝圣,命余典其事……其下书室三楹,贮所著《汇编》三千余卷,校阅之暇,泛艇渡河西,与田夫野老量晴较雨乃归。"[1]水村在京西,是允祉赐给陈梦雷的别墅。《水村十二景》诗自署:"此题拟于壬辰之春,诗成于癸巳之秋。古人十年一赋,吾常讶之乃经年一诗,江淹才尽一至此耶?抑郁极思穷非笔舌所能写耶?不纪其年,后人得无骇其哀乐之无端耶?松鹤老人识。"《水村十二景小序》写他在那里的悠闲生活和恬淡心境,每天抚琴、钓鱼、泛舟,与农夫聊天。《汇编》的校阅已不再是"手目不停"那样紧张繁忙了,主要是纠正抄写舛误。此外,他还准备伺机向皇帝呈进。康熙五十二年(1713)十月十五日,钱塘乔逸人序《松鹤山房诗文集》云:"(陈梦雷)诗文在闽中作者,多余所鉴定。其在留都及京邸之作与夫《汇编》之纂,余亦尝寓目焉,大抵字字根于子臣

---

[1] 〔清〕陈梦雷:《松鹤山房诗集》卷五《七言律八十八》,《续修四库全书》第1415册,上海古籍出版社,2002,第651页。

弟友血诚,非独扬镳艺苑、树职骚坛而已。"[1] 可知至少在康熙五十二年十月,《汇编》尚在松鹤山房,未经呈进。

为什么《汇编》成书后迟迟不按《疏》的设想"进呈御览,得蒙我皇上指示,方可成书"[2],进呈给康熙帝呢?比较合理的解释是,《汇编》的进呈时间是经过精心选择的,这与康熙末年的诸皇子争夺皇位继承权密切相关。据杨珍《陈梦雷二次被流放及其相关问题》研究,陈梦雷卷入了允祉争夺储位的斗争[3]。康熙四十七年九月、五十一年十月相继发生二废太子事件,允禔、允礽相继被软禁,允祉自然居于众皇子之首,占据了继承皇位的有力地位[4]。康熙四十八年,允祉曾对允禄说"东宫一位,非我即尔"[5]。在华传教士毕天祥

---

[1] 〔清〕陈梦雷:《松鹤山房诗集序》,《续修四库全书》第1415册,上海古籍出版社,2002,第529页。

[2] 〔清〕陈梦雷:《松鹤山房文集》卷一《疏三十一》,《续修四库全书》第1416册,上海古籍出版社,2002,第33页。

[3] 杨珍:《陈梦雷二次被流放及其相关问题》,《故宫博物院院刊》2011年第6期,第58—75页。

[4] 杨珍:《陈梦雷二次被流放及其相关问题》,《故宫博物院院刊》2011年第6期,第58—75页。

[5] 中国第一历史档案馆编:《雍正朝汉文谕旨汇编》第5册《上谕底册》,广西师范大学出版社,1999,第96页。

(Ludovicus-Antonius Appiani)于康熙五十二年十一月五日写给友人的信中称:"皇帝第三子,可称为第一子,因前二子已下狱,并判死刑。"[1]康熙五十二年设立蒙养斋算学馆,由允祉实际负责,而蒙养斋算学馆正是日后数年允祉集团用以谋取储位的大本营,之后几种大型书籍的编印以及《汇编》的进呈,无不与之相关。康熙帝在其生前的最后十年中,九次寿辰有八次是在允祉的熙春园中庆贺的。在这种情况下,允祉进呈陈梦雷负责编纂的《汇编》,展现自己的特长所在,无疑可使一贯重视书籍编纂的康熙帝龙颜大悦,为他继承皇位做极好铺垫。

《汇编》何时进呈给康熙帝呢?《十朝诗乘》称"《古今图书集成》设馆于康熙丙申"[2]。丙申即康熙五十五年。一般而言,立馆时间与进呈时间相差无几,《汇编》进呈也应在这一年。从康熙五十五年《清实录》所载康熙帝之行止看,从四月初五日"上奉皇太后避暑塞外,命皇三子和硕诚亲王允祉、皇七子多罗淳郡

---

[1] 参见方豪:《中国天主教史人物传》中册,中华书局,1988,第352页。
[2] 〔清〕郭则沄:《十朝诗乘》,卞孝萱、姚松点校,福建人民出版社,2000,第242页。

王允祐、皇十五子允禑、皇十六子允禄随驾"[1]，到九月二十八日"上自畅春园回宫"[2]，康熙巡幸避暑山庄，行程紧凑，事务繁忙，其间并非进呈的合适时间。笔者认为，允祉将《汇编》进呈给康熙帝的最佳时机有二：一是，三月万寿节前后。《清实录》载，三月十三日"皇三子和硕诚亲王允祉恭请上幸王园进宴"[3]，三月十八日则为万寿节，康熙帝的生日。恰逢皇父临幸府邸和皇父生日，对允祉而言，都是绝佳时机，此时进献《汇编》，最能博得康熙的欢心。二是，九月康熙帝从热河巡幸回来之后。结合集成馆纂修人员的入馆时间考虑，黄子云是最早一批入馆的，萧抑序其《长吟阁诗集》："丙申间，陈省斋先生为古今图书集成馆总裁，闻野鸿名，招共纂修，因入都，渡扬子江，得句云：一江风浪里，百代是非间。省斋贤之，矍然曰：是当与襄阳洞庭湖、杜陵岳阳楼并有千古。语同馆，名益著。"[4] 黄子云入馆之时写有《京师秋夜闽中陈馆卿梦

---

[1]《清圣祖实录》卷二六九，中华书局，1985，第637页。
[2]《清圣祖实录》卷二六九，中华书局，1985，第644页。
[3]《清圣祖实录》卷二六九，中华书局，1985，第624页。
[4]〔清〕黄子云：《长吟阁诗集》，萧抑序，清乾隆刻本，国家图书馆藏。

雷宴馆中僚友因呈是诗》[1]一诗，可证明他是秋天入都进集成馆的，从江苏（集成馆肯定已经开馆）走水路到北京所费时间不少，因此集成馆开馆时间也当在秋天前数月。集成馆纂修人员档案显示，刘国杰、王颖梁在馆时间为九年六个月，集成馆闭馆于雍正三年（1725）十二月，依此倒推，集成馆至少应开馆于康熙五十五年六月之前，纂修人员于此时开始入馆。而《汇编》的进呈时间应早于开馆时间，需要筹备和开馆试士，准备钱粮等，其中有个时间差，从时间可能性和时机选择两方面考虑，《汇编》进呈的时间应早于或者就是在康熙五十五年（1716）的三月中下旬，此时间应大致不误。

---

[1]〔清〕黄子云：《长吟阁诗集》卷一《京师秋夜闽中陈馆卿梦雷宴馆中僚友因呈是诗》，清乾隆刻本，国家图书馆藏。

第二章　古今图书集成馆的开设与复开

一、康熙朝古今图书集成馆的开设

（一）集成馆开馆时间考订

长期以来，学界对集成馆是否开馆存在很大的疑问，随着有关集成馆宫中档案的发掘和公布，集成馆开馆这一事实逐渐被学者所接受，但仍然有许多问题需要进一步探析。

关于集成馆的开馆时间，《十朝诗乘》称："《古今图书集成》设馆于康熙丙申，历廿载告成。书分六大部，为典凡三十六。备员纂修者如其数。人专一典，时谓之'集成馆'。"[1]康熙丙申即康熙五十五年（1716），这则资料屡次被学界引用，以此证明集成馆开馆于康熙五十五年（1716）。实际上《十朝诗乘》的作者郭则沄为清末民初人，书中所摘录的资料来源不明，无法下此定论。笔者认为，探讨集成馆的开馆时间，最可靠的资料莫过于当时人、当事者的说法。

集成馆纂修人员诗文集中留下了不少记载，前文所引黄子云《长吟阁诗集》萧翀序："丙申间，陈省斋先生为古今图书集成馆总裁，闻野鸿名，招共纂修，因入都。"[2]丙申即康熙五十五年，当时陈梦雷已被任命为集成馆总裁，并选拔纂修人员参与编纂。关于黄子云入都为集成馆纂修之事，沈藻采所编撰《元和唯亭志》的记载可作为旁证："康熙五十五年，开图书集成馆，总裁陈梦雷闻子云名，招共纂修。因渡江得句云：'一江风浪里，百代是非间。'为梦雷称赏。"[3]

其他纂修人员如徐曰模、刘克一、杨绾等人皆于

---

[1]〔清〕郭则沄：《十朝诗乘》，卞孝萱、姚松点校，福建人民出版社，2000，第242—243页。
[2]〔清〕黄子云：《长吟阁诗集》，萧翀序，清乾隆刻本，国家图书馆藏。
[3]〔清〕沈藻采编撰：《元和唯亭志》，徐维新点校，方志出版社，2001，第205页。

第二章　古今图书集成馆的开设与复开

康熙五十五年入馆，方志记载为探究这一问题提供了弥足珍贵的资料。乾隆《博野县志》卷六："徐曰模，字范兹，……二十九岁登康熙甲午科贤书，次年赴春闱。适同号程生持经艺就质号役，告之当事，因下吏，诚邸闻之立传讯得白，遂留邸教习。当是时王总裁集成馆，书局延揽名流，游其门者通显可立致，而曰模守株且十载，确乎不拔，自处泊如也，王以此益重其为人。"[1] 乾隆《博野县志》卷六："刘克一，……康熙辛卯登贤书，……入古今图书集成馆。克一以孝廉纂修集成馆十有余载。"[2] 乾隆《遂安县志》："黄云鸿，字仪云，十八都人，性嗜古，弱冠辄称淹博，品慨磊落英奇。康熙己卯游京师，考内廷教习，钦赐第二，陈少谱试中州，聘入衡文，丙申岁效力集成馆。"[3] 光绪《嘉兴府志》卷六一载："杨绾，字自昆，号栗斋，康熙五十五年以国子生充《图书集成》分纂。"[4] 此外，档案为探讨集成馆开馆时间提供了最真实可靠的记载。《清

---

[1]〔清〕吴鏊：乾隆《博野县志》卷六，清乾隆三十一年（1766）刻本。
[2]〔清〕吴鏊：乾隆《博野县志》卷六，清乾隆三十一年（1766）刻本。
[3] 罗柏麓修，姚桓等纂：乾隆《遂安县志》，清乾隆三十二年（1767）刻本。
[4]〔清〕许瑶光：光绪《嘉兴府志》卷六一，清光绪五年（1879）刊本。

代官员履历档案全编》收录了不少集成馆纂修人员的重要资料。《档案全编》所记,在馆时间最长且明确可考者是刘国杰和王颖梁。《清代官员履历档案全编·雍正朝》第15册载:"刘国杰,河南卫辉府滑县人,年四十三岁……在古今图书集成馆效力九年六个月,告成议叙,以知县即用。"《清代官员履历档案全编·雍正朝》第11册又载:"王颖梁,江南松江府华亭县人,年五十七岁,由监生考职州同,在古今图书集成馆修书效力行走九年六个月,议叙以知县用。"[1] 集成馆闭馆于雍正三年十二月二十七日,以此倒推,集成馆开馆时间不应晚于康熙五十五年六月。根据当时集成馆纂修人员的相关自述及记载,结合《汇编》的进呈时间,可以确定集成馆设立于康熙五十五年三月间。

厘清集成馆的开馆时间,还有一个问题需要解决,即集成馆开馆前,陈梦雷所编类书原名《汇编》,后来为什么改称《古今图书集成》,又改自何人?如前所述,陈梦雷《启》提及,允祉希望编纂一部"大小一贯,上下古今"的类书,但限于资料,后来成书的《汇编》资

---

[1] 《清代官员履历档案全编·雍正朝》第11册,华东师范大学出版社,1997,第462页。

第二章　古今图书集成馆的开设与复开

料只收录到明代。对于这一遗憾,陈梦雷当时就提出将来进呈《汇编》,"赐发秘府之藏,广其未备",利用内府藏书,突破资料限制,弥补《汇编》"有古无今"的缺陷。雍正帝评价乃父所编《集成》:"《古今图书集成》一书,皆皇考指示训诲,钦定条例,费数十年圣心。故能贯穿今古,汇合经史,天文地理皆有图记,下至山川草木百工制造、海西秘法靡不备具,洵为典籍之大观。"[1]着重强调了《集成》"贯穿今古,汇合经史"之成效,这也可能是《古今图书集成》得名的最初原因。雍正帝称《集成》乃是康熙帝"钦定条例",是否有夸大之嫌?实际上,康熙帝正是《集成》的命名者。集成馆纂修人员金门诏,被允祉委以重任,在集成馆中任领袖纂修,金氏有《古今图书集成馆吟》,纪实性地记述了集成馆的一些情况,其中就有"集成部类划,分列古今涂,钦定嘉名锡,亲裁圣意愉"[2]。康熙帝的"钦定"之功,看来是存在的,《集成》的完整名称是"钦定古今图书集成",也表明《集成》是康熙帝亲自命名,下令开馆纂修的。如《集成》卷首就有蒋廷锡的《奉敕

---

[1] 《清世宗实录》卷二,康熙六十一年癸亥条,中华书局,1985,第55页。
[2] 〔清〕金门诏:《全韵诗》,清乾隆七年(1742)刻本,国家图书馆藏。

恭校圣祖仁皇帝钦定古今图书集成告竣》表文,康熙五十九年内阁大库档案中也有"钦定古今图书集成馆"之称。此外,《汇编》原是"汇编者六,为志三十有二,为部六千有零"[1],这样一种汇编—志—部的三级类目体系,从最后成书的《集成》看,基本没有改变,只是将《汇编》之"志"改为"典"。这一变化,笔者认为是集成馆开馆之时修改体例所造成的,《古今图书集成馆吟》所谓"典分三十六,类别千万殊"[2]。也就是说,《集成》体例在集成馆开馆之时已经确定下来,这样便于《集成》纂修的顺利进行。而从陈梦雷3600余卷的《汇编》到开馆纂修的万卷《集成》,万卷的规模与"集成"之称若合符节,充分体现了大清帝国的气魄和雄心,符合帝王标榜文治的心理。虽暂无明确史料印证,但笔者认为《集成》10 000卷的卷帙规模很可能也是康熙所钦定。

---

[1] 〔清〕陈梦雷:《松鹤山房文集》卷二《启四》,《续修四库全书》第1416册,上海古籍出版社,2002,第38页。
[2] 〔清〕金门诏:《全韵诗》,清乾隆七年(1742)刻本,国家图书馆藏。

(二)集成馆开馆地点再考

关于集成馆的开馆地点,传统的观点一致都认为是武英殿,但缺乏资料确证,语焉不详,留下了较大的可探索空间。

清人黄任有《题集成馆纂修图》,收入氏著《香草斋诗》,诗云:"藏珠府接大罗天,握椠怀铅各并肩。不比兰亭修禊事,群贤毕集永和年。雅雅鱼鱼俨受经,五云深处子云亭。缥缃亦有麒麟阁。一一丹青是汗青。文章谁不羡西昆,一代间平典籍尊。遗老白头爱渔猎,得司獭祭是君恩。清夜西园宴集图,图中人尽食天厨。他年收入宣和谱,可有萧梁跋尾无。(顾长康《清夜游西园》,梁朝诸王跋尾云:图中若干人,尽食天厨。)"[1]

黄任(1683—1768),字莘田,号十砚老人,以字行。永福(今福建永泰县)人,著有《秋江集》《香草笺》。康熙四十一年(1702)举于乡,后屡试进士不第,曾任广东四会县令兼署高要县事。《题集成馆纂修图》

---

[1] 〔清〕黄任:《香草斋诗注》卷五,清嘉庆十九年(1814)刻本,亦载黄任:《秋江集》卷五,《四库全书存目丛书·集部》,齐鲁书社,1997,第821页。

应该是集成馆纂修情景的再现。黄任不是集成馆的纂修人员，但他与陈梦雷属于同时代人，也是同乡；他与集成馆纂修人员林佶有诗文往来，应该十分熟稔集成馆的典故。

清人陈应奎注有《香草斋诗注》，对黄任《题集成馆纂修图》有另外一种解读，值得我们加以探究。陈应奎（1643—1720），字娄先，号璧东，福建省德化县人。清康熙三十五年（1696）举人，曾任直隶南乐知县。他距离黄任的时代不远，对黄任诗文的理解很值得我们注意。《香草斋诗注》卷五《题集成馆纂修图》：

（陈应奎注：康熙年诏儒臣钦定古今图书集成，总万卷，分三十二典门）藏珠府接大罗天（陈应奎注：集成馆近武英殿，李商隐诗"通内藏珠府"。《云笈七签》最上一天曰大罗天）握椠怀铅各并肩。不比兰亭修禊事，群贤毕集永和年。雅雅鱼鱼俨受经，五云深处子云亭。缥缃亦有麒麟阁。——丹青是汗青。（陈应奎注：纂修例得议叙）文章谁不羡西昆，一代间平典籍尊。（陈应奎注：和硕亲王等间平，详上恭纪贝子功绩诗）遗老白

第二章　古今图书集成馆的开设与复开

头爱渔猎，得司獭祭是君恩。（陈应奎注：时陈梦雷以白衣领史局）清夜西园宴集图，图中人尽食天厨。他年收入宣和谱，可有萧梁跋尾无。（顾长康《清夜游西园》，梁朝诸王跋尾云：图中若干人，尽食天厨。）[1]

陈应奎认为集成馆位于武英殿一带，"集成馆近武英殿"。在陈氏看来，"藏珠府"即指代武英殿，笔者认为这一点是符合史实的，武英殿在康熙时期既是修书馆所在地，也是内府藏书、刻版的重要场所，称之为"藏珠府"十分贴切，用"藏珠府"指代集成馆，直接说明了集成馆的所地就是武英殿。"藏珠府"语出唐人李商隐《韩翃舍人即事》，这是李商隐的一首政治讽刺诗，以汉代宫廷生活来讽刺唐代王公贵戚。诗以长安宫苑省寺为背景，虽然是政治讽刺，但反映的就是宫廷奢靡的生活。"藏珠府"乃指宫廷之地，"通内"即长安宫内，这也侧面反映出"藏珠府"在皇宫中的

---

[1]〔清〕黄任：《香草斋诗注》卷五，清嘉庆十九年（1814）刻本，亦载黄任：《秋江集》卷五，《四库全书存目丛书·集部》，齐鲁书社，1997，第821页。

武英殿而非亲王居所。

关于"大罗天",学界有不同的解释,有学者认为是诚亲王府邸,故宫博物院姜舜源则认为是武英殿的"浴德堂浴室"[1],值得考辨。

"大罗天"是道教所称三十六天中的最高一重天,是"道境极地"。道教经典《云笈七签》卷二一:"《元始经》云:大罗之境,无复真宰,惟大梵之气,包罗诸天太空之上。……故颂曰:三界之上,眇眇大罗,上无色根,云层峨峨。"[2]可见大罗天具有至高无上的地位,王世贞《西城宫词》也有一首写到嘉靖时梨园在宫内的演出,诗云:"梨园弟子鬓如霜,十部龟兹九部荒。妒杀女冠诸侍长,大罗天上奏霓裳。"[3]

笔者认为,根据现有资料,这里的大罗天有两种可能。其一,在皇权高度集中的清代,称谓用词

---

[1] 姜舜源:《清朝纪事诗与清宫史》,载《清前历史文化——清前期国际学术研讨会文集》,辽宁大学出版社,1998,第161页。

[2] 〔清〕张君房编:《云笈七签》卷三《道教本始部·道教三洞宗元》,中华书局,2003,第36页。

[3] 〔明〕王世贞:《西城宫词十二首》其八,载〔明〕朱权等:《明宫词》,北京古籍出版社,1987,第14页。

有极其严格的规定，不可僭越，现实世界中能称得上"大罗天"的，只能是皇帝的居所或者皇帝的办公处所，绝非王子贝勒居所所能妄称。而武英殿为三大殿的偏殿，属于帝王日常行事的朵殿。结合武英殿的地理位置连接着象征皇权至高无上的前朝太和殿等三大殿，三大殿应该即是"大罗天"，"藏珠府接大罗天"即指武英殿连接着前朝三大殿，地位显耀。

其二，武英殿西朵殿浴德堂后有"罗大天"的穹窿顶建筑，可能是诗中所指"大罗天"之所在。根据中国第一历史档案馆藏《武英殿各殿宇房间月台丹陛墙垣海墁甬路做法清册》及《武英殿各座殿宇房间应需琉璃数目清册》，有"浴德堂北，偏东，罗大天曲尺券洞一座"一说，而从其所藏《紫禁城内武英殿各座殿宇房间墙垣月台丹陛等工地盘式样图》可以看到武英殿院内各殿座的分布位置，特别是浴德堂、罗大天、井亭的位置。[1] 故宫博物院古建部专家认为，"罗

---

[1] 方裕瑾：《武英殿各殿座晚清修缮诸作述略》，载单士元、于倬云主编：《中国紫禁城学会论文集》第1辑，紫禁城出版社，1997，第234、235页。

大天"（穹窿顶建筑），康熙时已有此名。单士元先生在《故宫武英殿浴德堂考》中考证认为，"武英殿浴德堂所在地则应是元大内宫城西南角楼外地带"，根据"各种资料和理论判断，可暂定武英殿浴德堂浴室是元代宫殿仅存之一"。关于康熙时期"罗大天"的功用，学界有不同看法，有的认为是浴室[1]。古建筑专家傅连仲认为，武英殿西北之浴德堂，即康熙十九年奉旨设立之修书处。而浴德堂后连属之穹窿顶建筑实为修书处装潢过程中为满足熟纸、染纸、染帛等工序所需而建之积水池。浴德堂以浴为首，并非洗浴身体，实为校刊书籍之儒浴于道德而正己之意的体现。因此，浴德堂曾为武英殿修书处所在。"罗大天"是供印刷书籍蒸熏纸张之用。清代从康熙朝以来，包括浴德堂在内的武英殿一直是编书、印书的场所。

诗中"缥缃亦有麒麟阁"，"缥缃"指书卷，古时常用淡青、浅黄色的丝帛作书囊书衣，因以指代书卷。陈梦雷有《赠臬宪于公》诗："缥缃雄丽

---

[1] 王子林：《紫禁城中浴德堂功用的六种可能》，《紫禁城》2006年第1—4期。

藻，韦布富经纶。鹏奋抟丰翮，螭蟠起巨鳞。"麒麟阁是汉代阁名，在未央宫中。汉宣帝时曾将霍光等十一功臣像置于阁上，以表扬其功绩。《三辅黄图·阁》："麒麟阁，萧何造，以藏秘书，处贤才也。"唐杜甫《前出塞》诗之三："功名图麒麟，战骨当速朽。"有学者将"麒麟阁"解释为松鹤书房，与藏书处所之本意似为不合，而与一直作为藏书之地的武英殿若合符节。

诗中"清夜西园宴集图，图中人尽食天厨。他年收入宣和谱，可有萧梁跋尾无"描述的是顾长康作《清夜游西园》，梁朝诸王跋尾云："图中若干人，尽食天厨。"这里的天厨本为释道所云天庭的庖厨，后引申为皇帝的庖厨。明人屠隆《彩毫记·拜官供奉》："可敕中书省，即拜翰林供奉。仍赐天厨御食，朕当亲为调羹，以示隆眷。"黄任《题集成馆纂修图》"图中人尽食天厨"说的是集成馆纂修人员自有皇帝内府供应佳肴。作为纂修人员的金门诏在《全韵诗·怀三馆吟》中回忆当时的纂修待遇时称："都宣瑶笈，图书出内厨。……天庾月颁禄，大官日给哺。上方供纸笔，内相发金帑。

赐绮皆文绣,分肴尽脯臑。"[1]与《题集成馆纂修图》所描述的情况一致。

一般来说,集成馆的开馆地点和刊刻《集成》的地点应该是一致的,否则所费太巨,不合情理。清人吴长元《宸垣识略》云:"武英殿活字板处在西华门外北长街路东。长元按:活字向系铜铸。"也认为铜活字制作地点在武英殿周边,与陈应奎的观点互相呼应。金门诏《全韵诗·怀三馆吟》"圣祖朝诏修《古今图书集成》,颁内府藏书数百万卷,开馆试士……斋轩盈百舍,榱桷叠千枑。出入罗貔虎,森严列镂戢",都是在描述皇宫重地的经历;数百万卷的书籍颁发和采录自然最适合选在藏书最重要处所的内府进行,集成馆的场地"盈百舍",武英殿管理森严,出入森严,都是内府的真实写照。

金门诏于乾隆十一年(1746)在其纂修的《安徽休宁金氏族谱·重修族谱序》中的完整头衔是"赐进士第翰林院庶吉士充内阁明史馆纂修官兼三礼馆纂修官记录三次前武英殿古今图书集成馆纂修官保举博学鸿

---

[1] 〔清〕金门诏:《全韵诗·怀三馆吟》,清乾隆七年(1742)刻本,国家图书馆藏。

第二章 古今图书集成馆的开设与复开

儒词六十六世裔孙门诏"[1]，历数其生平履历，该头衔着重强调了其曾充"前武英殿古今图书集成馆纂修官"的经历。事实上，集成馆人员也屡次提到他们是在武英殿纂修《集成》。如程可式，康熙五十五年入集成馆；同为集成馆纂修人员的沈青崖为程可式所著《来山堂书钞》作序称："吾友香河程松邨先生以儒家蚤入艺林，甫冠登贤书，连不得志于有司，与余同纂《古今图书集成》，编摩十年，切磋道义，不啻同怀论文其余者也。散馆后，余改官西清，越二年，先生亦得特擢舍人，奉使西蜀，事竣，授河南县令。"[2]序中可见，沈青崖与程可式均从康熙五十五年入集成馆修书，时间长达近十年，直到集成馆散馆。程可式在写于乾隆二年（1737）的《来山堂书钞》自序中回忆："康熙辛卯谬膺乡荐，校书武英殿，集曰瀛海、曰石渠。雍正丁未授中书舍人，奉使西蜀。"这里明确说明，校对《集成》地点设在武英殿。他与沈青崖诗中又说："忆昔升石渠，

---

[1] 〔清〕金门诏：《安徽休宁金氏族谱·重修族谱序》，清乾隆十三年（1748）刻本。

[2] 〔清〕程可式：《来山堂书钞》，沈青崖乾隆十三年（1748）戊辰暮春序，清乾隆刻本，国家图书馆藏。

东阳最交契。十载共编摩,奇疑共赏析。"自叙诗称:"看花来上苑,献赋涉瀛洲,藩邸曾挥洒。金门忝校雠。"《癸丑感事》诗言:"挟策游石渠,得以饱经史。"石渠和瀛洲都指代内廷,描述的也都是程可式在武英殿校对《集成》的经历。另外,方志、家谱资料中也有修书人员在武英殿集成馆纂修《集成》的记载,如嘉庆《松江府志》卷五九:"金应元,字霖舒,上海人,弱冠工文词,以岁贡荐入武英殿纂修《图书集成》。"[1]《尤溪县志》卷七载:"王尊,字符端,号瞻崖,青印坊人,康熙间由太学生考充武英殿集成馆纂修。"[2]《续修张氏族谱》载:"肯堂,耀次子,字明庭,号蓬客,一号恕斋。康熙戊戌以国学生充武英殿《古今图书集成》校对。"[3]《安徽休宁金氏族谱》卷八记载金门诏的族侄金筠"考授内阁中书,拣选知县,取入内馆,恭校《钦定古今图书集成》"[4]。结合金门诏同在一部族谱中自称"前武英殿古今图书集成馆纂修官",这里的内馆显然是指

---

[1]〔清〕宋如林:《松江府志》卷五九,嘉庆松江府学刻本。
[2]〔民国〕卢兴邦:《尤溪县志》卷七,民国十六年(1927)刊本。
[3]〔民国〕张家骐:《续修张氏族谱》,民国二十二年(1933)石印本。
[4]〔清〕金门诏:《安徽休宁金氏族谱》卷八,清乾隆十三年(1748)活字本。

第二章　古今图书集成馆的开设与复开

武英殿。

康熙帝曾任命允祉在皇宫之外的畅春园蒙养斋修《律历渊源》，集成馆是否也可能设在宫外呢？事实证明，康熙朝《律历渊源》的铜活字刊印也是在武英殿完成的。文献档案中提到将《集成》"交武英殿收存"，"陈梦雷处所存古今图书集成"，既可解释为武英殿部门众多，可以从刊刻地移到收存地，如铜活字后来收存于武英殿铜字库；又可解释为陈梦雷为集成馆总裁，只是用陈梦雷处所指代集成馆，突出强调而已，并非实指其家。实际上陈梦雷居所不可能贮存《集成》，《集成》彼时尚未编纂完成。雍正三年（1725）庄亲王允禄、何国宗等人上折奏陈颁行《御制律历渊源·历象考成》事宜，提了十条建议，其中提到：

> 《御制律历渊源》一百卷，卓越古今……《律历渊源》内分《历象考成》《律吕正义》《数理精蕴》三种。……恭查《历象考成》系木板刷印，《律吕正义》《数理精蕴》俱系铜字刷印。今若仍用铜字，所费工价较之刊刻木板所差无多，究不能垂诸永久。请交与武英殿将《律吕正义》《数理精蕴》一

例刊刻木板刷印。[1]

《集成》与《数理精蕴》等书皆用同一套铜活字印刷,《数理精蕴》等书虽在畅春园蒙养斋编纂,但印刷所在地是武英殿,而非蒙养斋。

综上所述,笔者认为集成馆的设立地点在武英殿。

(三)康熙朝集成馆纂修进度及成效

集成馆于康熙五十五年在武英殿开馆后,并不是一直顺利运作,而是跨越康、雍两朝,其间有短暂的中断[2]。康熙六十一年十二月十二日雍正谕旨有"应将陈梦雷并伊子远发边外"[3],可见其时已将集成馆总裁陈梦雷下狱了,集成馆一时群龙无首,纂修工作被迫

---

[1] 中国第一历史档案馆编:《雍正朝汉文朱批奏折》第31册,江苏古籍出版社,1989,第490页。原折并无年月,根据此条奏折中雍正帝在允禄奏"戴进贤应如何改授职衔"处朱批"戴进贤改授监正,署加礼部侍郎衔",以及雍正三年三月二十日上谕"戴进贤治理历法,着补授监正,加礼部侍郎衔"(见《正教奉褒》雍正三年条。转引自李俨、钱宝琮:《科学史全集》第7卷,辽宁教育出版社,1998,第71页),判断此折应为雍正三年折。

[2] 关于集成馆中断的情况,下文有详细考证。

[3] 《清世宗实录》卷二,康熙六十一年癸亥条,中华书局,1985,第55页。

第二章 古今图书集成馆的开设与复开

中断。而至雍正元年正月初五日，雍正又下谕旨"特派尔（蒋廷锡）为总裁，陈邦彦为副总裁"[1]，蒋廷锡奏折也提到"自雍正元年正月开馆以来"[2]，表明中断后的集成馆此时重新开馆，纂修工作恢复常态。笔者认为，以雍正即位后惩治原总裁陈梦雷等人，重新任命新总裁开馆纂修为界，可以将集成馆纂修《集成》分为两个阶段：第一个阶段为康熙朝集成馆时期（康熙五十五年至康熙六十一年十二月），第二个阶段为雍正朝集成馆时期（雍正元年正月初五日至雍正三年十二月）。

就《集成》纂修工作完成的进度来看，相比雍正朝集成馆，康熙朝集成馆的工作进度更快，纂修《集成》的力度也更大。曾御赐得到两部铜版《集成》的张廷玉和鄂尔泰描述了康熙朝集成馆开馆时的盛况，鄂尔泰说："圣祖诏修《古今图书集成》，一时名士，食大官厨者数千指。"[3] 张廷玉则说："今图书集成者，是书也，康熙年间圣祖仁皇帝广命儒臣宏开书局，搜罗经

---

[1] 中国第一历史档案馆编：《雍正朝汉文朱批奏折汇编》第33册，江苏古籍出版社，1989，第585页。

[2] 中国第一历史档案馆编：《雍正朝汉文朱批奏折汇编》第33册，江苏古籍出版社，1989，第592页。

[3] 〔清〕鄂尔泰：《休宁金氏族谱序》，乾隆元年（1736）。

史、诸子百家,别类分门,自天象地舆、明伦博物、理学经济以致昆虫草木之微,无不备具,诚册府之巨观,为群书之渊海,历十有余年而未就。"[1]

金门诏是集成馆中重要的纂修人员,被监修允祉委以重任。金氏著有《全韵诗》,其中载有《怀三馆吟·古今图书集成馆吟》,对当时的纂修场景有细致的描述:

> 开馆名英集,连鹿皇路驱。贤王司管钥,耆宿掌镕炉。六种汇编析,百家妙意俱。帙载一万卷,轴列五千轷。乾象苞天道,坤舆隩地枢。博宗先两大,妙窍贯三无。端纪明伦重,程才博物需。寰区罗肺腑,胞与任均输。理学端心术,邪淫辟庙郛。胥匡求秘奥,经济整棱枎。(注书凡万卷,五千本,五函,分六种汇编。一曰乾象,二曰坤舆,三曰明伦,四曰博物,五曰理学,六曰经济)囊括大纲立,规条细目区。一编分七部,众手藉群觚。汇考首王历,群言序齿龋。开缄知弁冕,握要识头颅。总论参精密,源流判细粗。艺文珠彩

---

[1] 〔清〕张廷玉:《澄怀园语》卷三,清乾隆刻本,国家图书馆古籍馆藏。

炫，纪事锦文铺。杂录兼驯驳，外编载鬼狐。（每典分七部，一曰编年汇考，以考帝王事迹。二曰群书汇考，以考群言次序。三曰总论，论其本末源流异同是非。四曰艺文，凡诗赋文词有关于此书者。五曰杂录，录其杂说。……[1]七曰外编，编鬼神之事。以上七部，皆各就其说之有关于此类书者，皆分析载之。）详该如设鹄，约举望张弧。大匠立绳准，群贤编牒蒲。分修咸跃跃，任纂各于于。选俊专誊缮，命工并绘图。斋轩盈百舍，楥楬叠千枦。出入罗貔虎，森严列镂戳。崇巍凌鹊观，迤逦如蓬壶。天庾月颁禄，大官日给晡。上方供纸笔，内相发金帑。赐绮皆文绣，分肴尽脯臑。典分三十六，类别千万殊。螂背肩经籍，筼函珍璧瑜。[2]

金门诏是陈梦雷的门生，又被监修允祉"优拔为

---

[1] 笔者注：原文本缺字。
[2] 〔清〕金门诏：《全韵诗·怀三馆吟》，清乾隆七年（1742）刻本，国家图书馆藏。

纂修领袖,凡朝贺接驾等事皆随总裁一同行走"[1]。论其在集成馆的贡献,"总裁而下,董其成者数人,门诏推首"[2]。友人管一清序其《全韵诗》"书成而先生以名高挂误",实为尊者讳。实际上,雍正即位后下令惩治的集成馆人员,金门诏位列其中,所谓"总裁出关,遂放归"[3],并未继续参与雍正朝集成馆的纂修工作,金门诏所述当为康熙朝当时事。因此,金门诏《古今图书集成馆吟》可谓康熙朝集成馆纂修情形的文字实录,史料价值极高。

1. 再次验证集成馆设在内府。《古今图书集成馆吟》谓"开馆名英集,连鹿皇路驱",集成馆人员经过的"皇路"只能在内廷,不可能在皇宫之外,而"出入罗貔虎,森严列镂戟",戒备森严,俨然就是内廷的真实写照。这些都进一步证明集成馆所在地即为武英殿。

---

[1] 〔清〕金门诏:《全韵诗·怀三馆吟》,清乾隆七年(1742)刻本,国家图书馆藏。

[2] 〔清〕金门诏:《安徽休宁金氏族谱》卷首,清乾隆十三年(1748)刻本,国家图书馆藏。

[3] 〔清〕金门诏:《全韵诗·怀三馆吟》,清乾隆七年(1742)刻本,国家图书馆藏。

2. 揭示出康熙朝集成馆的职能分配，所谓"贤王司管钥，耆宿掌镕炉"，这里的贤王应是诚亲王允祉，"司管钥"指的是其任集成馆监修之事。而耆宿即指集成馆总裁陈梦雷，他作为集成馆总裁不仅统辖集成馆纂修，而且实际负责了铜活字的制作和刊印。《四库全书总目》经部易类收有陈梦雷所著《周易浅述》八卷，书目下有陈氏传记一则："梦雷字省斋，闽县人。……官翰林院编修，缘事谪戍，后蒙恩召还，校正铜板。复缘事谪戍，卒于戍所。"显然，所谓"校正铜板"，即是何人龙所密告的陈梦雷在"铜字馆"负责监造、校看铜活字，用以刊印《集成》。四库馆臣距陈梦雷的时代不远，陈梦雷在"铜字馆"监造铜活字，用铜活字摆印《集成》，已是时人所熟知的一个史实。

3. 弥补《古今图书集成·凡例》之不足。《集成》有《凡例》冠于书前，可谓提纲挈领，纲举目张，"说明设立编、典、部及汇考诸项的根据、材料的取舍原则，及部分典之间的指引、参见关系和变通原则"[1]。《古今图书集成馆吟》中也有对《集成》类目体系的详

---

[1] 裴芹:《古今图书集成研究》，北京图书馆出版社，2001，第168—169页。

细阐述，其中所述，多有《凡例》言之不详或缺漏之处，恰好可与《凡例》互为补充。例如，对于为什么要设立六大汇编，其次序有何讲究，《凡例》的解释是"法象莫大乎天地，故汇编首历象而继方舆。乾坤定而成其间者人也，故明伦次之。三才既立，庶类繁生，故次博物。裁成参赞，则圣功王道以出。次理学、经济，而是书备位物焉。"《凡例》侧重于阐述六大汇编的次序原因，而《古今图书集成馆吟》所说"乾象苞天道，坤舆隩地枢。博宗先两大，妙窍贯三无。端纪明伦重，程才博物需。寰区罗肺腑，胞与任均输。理学端心术，邪淫辟庙瓠。胥匡求秘奥，经济整棱枒"则侧重于解释六大汇编命名的原因和重要性，诸如明伦汇编重"端纪"、博物汇编利"程才"、理学汇编正"心术"等，也就是雍正帝在《古今图书集成序》中所称的"格物、致知、诚意、正心、治国、平天下"，这些都为《凡例》所不言。对于《集成》32 典下的十个纬目设计，《凡例》也只强调其中内容，对于设计初衷语焉不详。而《古今图书集成馆吟》却有十分清晰的阐释："每典分七部，一曰编年汇考，以考帝王事迹。二曰群书汇考，以考群言次序。三曰总论，论其本末源流异同是非。四曰艺文,凡诗赋文词有关于此书者。五曰杂录,录其杂说。……七曰外编,编鬼神之事。以上七部,皆各就其说之有关于此类书者,皆分析载之。"编—典—部的三级类目体系,所要达到的最终目的是"详该如设鹄,约举望张弧",期于裁取自如,详略得当,可谓颇具苦心。

4. 说明康熙朝集成馆有充足的后勤保障。内府提供给集成馆的待遇十分优厚,"斋轩盈百舍,榱桷叠千栌",集成馆设在武英殿,供纂修人员工作的房屋有近百间(应该包括临时搭盖的凉棚等),"天庚月颁禄,大官日给晡。上方供纸笔,内相发金帑。赐绮皆文绣,分肴尽脯臑",内府体谅集成馆修书的辛苦,提供的纸笔、食宿、衣物等酬劳都十分优渥,由此也足见康熙帝对集成馆的大力支持。

关于纂修人员日常纂修的情况,金门诏《全韵诗·怀三馆吟》述其四季辛劳,极为详尽:

> 监黍藉淳母,佳境甘如蔗,潜心苦似荼,分明坐绛帐,宛若游花芜,枝叶何繁缛,龙蛇共跃䟫,研章劳采摘,琢句费雕镂,绚烂疑堆锦,辛

勤过纺纩,纫丝学补衮,乞巧欲成襦,纂组师心造,剪裁妙手奭,绢缣一字价,杼柚几多篴,更集狐狸毳,织为文绣甋,效顰羞陋女,夸绨耻邻媄,开拓心田豁,磋磨肝纸刳,终朝唯挶撖,双瞬肆睢盱,饭至思丹秌,倦来想鹍鹕,庖丁批理朕,毛颖欲穿髑,古籍充棍牖,文房遍厕榆,十行怀应奉,五夜学离娄,识辨专车骨,技经肯綮觚,采山多碧玉,陟岭尽琼璖,攻错勤磨砧,穷掺胜缉逋,膝穿管木榻,毡碎番毲毹,每惜春将晚,还愁日已晡,花前参夽误,月下虑模糊,迎旭扬飞翰,咏风罢舞雩,夏炎池燥竭,笔秃汗汪溇,蜂入窗摺案,蝇衔墨点揄,芸编潜螫蝎,梅雨昼虺蝓,秋爽晴莹澈,凉深脊局疴,未遑餐白菊,岂暇看看萸,龟手呵冰兔,乌银烘冻呋,夜寒宁就寝,客至鲜提酤,劳劳庸士哂,矻矻惰夫嚅。(以上叙四时修书之劳）[1]

关于康熙朝集成馆的纂修进度,康熙五十五年

---

[1] 〔清〕金门诏:《全韵诗·怀三馆吟》,清乾隆七年(1742)刻本,国家图书馆藏。

第二章 古今图书集成馆的开设与复开

(1716),经陈梦雷奏请,康熙帝诏开集成馆。在康熙帝的支持下,诚亲王允祉和陈梦雷一边陆续物色人员进馆编纂《集成》,一边购买大量铜材、选聘技师、督促刻工抓紧制作铜活字用以刷印《集成》。雍正元年(1723)正月二十七日蒋廷锡所上奏折称:"查康熙五十九年奉先帝谕旨,《古今图书集成》刷印六十部。今查得六十部之外馆中多刷六部,亦应归入官书之内。"[1]此时康熙朝集成馆已经开始刷印60余部《集成》了。雍正三年(1725)十二月蒋廷锡奏折又说:"查康熙五十八年四月,诚亲王折奏,古今图书集成馆纂校人员,经署包衣昂邦事海张等议奏,有'书完之日比寻常修书之人加等分议'等语。"[2]不难看出,到康熙五十八年,《集成》的编纂几近完成,因而才有诚亲王折奏请赏之事。康熙五十九年(1720),康熙帝既已指示刷印的数量,足见其时刊印准备工作已经差不

---

[1]《内阁学士蒋廷锡等奏陈办理古今图书集成情形并编校人员去留折》,载中国第一历史档案馆编:《雍正朝汉文朱批奏折汇编》第33册,江苏古籍出版社,1989,第585页。

[2]《户部左侍郎蒋廷锡等奏昭各馆之例议叙古今图书集成编纂校对人员折》,载中国第一历史档案馆编:《雍正朝汉文朱批奏折汇编》第33册,江苏古籍出版社,1989,第592页。

多完成，只待刊印。《集成》引录的材料，最晚至康熙五十八年，说明《集成》的定稿不早于康熙五十八年，由此可以判定《集成》的正式刷印时间应是康熙五十九年（1720）初。从康熙五十五年（1716）设立集成馆到康熙五十九年（1720）初准备刷印，在三年左右的时间内，内府已经基本完成了铜活字的制作。自康熙五十九年（1720）至六十一年（1722），集成馆人员的主要工作就是排版刷印《集成》。康熙六十一年正月编纂的《御定千叟宴诗》卷一中有以"编修臣陈梦雷"为名的贺寿诗："承恩五十有三年，旷典虞庠近御筵。万卷书成传盛世，嵩呼圣寿永同天。"[1]这则诗文值得我们特别注意，这里的"万卷书"即指《集成》，说明康熙六十一年《集成》已经完稿，而题名中"编修臣陈梦雷"与"原任户部尚书臣王鸿绪""原任侍读学士臣薄有德"并列，则说明陈梦雷其时已经恢复了编修身份，这一变动与陈梦雷负责《集成》的编纂关系甚大。

康熙六十一年（1722）末康熙逝世，雍正即位，

---

[1]〔清〕玄烨：《御定千叟宴诗》卷一，清康熙六十一年（1722）内府刻本。

陈梦雷再次被贬，接替陈梦雷的蒋廷锡在雍正元年（1723）正月初八日到馆后，对陈梦雷的印刷成品通部按卷一一作了清点，其正月二十七日奏折称："查得《古今图书集成》共一万卷，已刷过九千六百二十一卷，未刷者三百七十九卷。"也就是说，再给陈梦雷一个多月的时间，全书的排版刷印工作就可全部结束。

二、雍正朝古今图书集成馆的复开

（一）雍正帝对集成馆的清洗与复开

康熙帝文治武功，欲效仿孔子"述而不作"，热衷大型类书的编纂，可以说，集成馆的顺利运转与康熙帝的大力支持有着莫大关系，然而，就在费"数十年之圣心，令将古今图书汇集成编"[1]的万卷《集成》即将完书之时，康熙驾崩了。雍正帝即位后，不久即下谕惩办集成馆总裁陈梦雷等人，并提出另选人员经办未完之《集成》：

---

[1] 中国第一历史档案馆编：《雍正朝汉文朱批奏折汇编》第33册，江苏古籍出版社，1989，第591页。

谕内阁九卿等：陈梦雷原系从耿逆之人，皇考宽仁免戮，发往关东。皇考东巡，念其平日稍知学问，带回京师，交诚亲王处行走。累年以来，不思改过，招摇无忌，不法甚多。朕以皇考恩免之人，不忍加诛。然京师断不可留，皇考遗命以敦睦为嘱，陈梦雷若在诚亲王处，将来必致有累。九卿等知陈梦雷者颇多，或其罪有可原，不妨直言，朕即赦免。如朕言允当，应将陈梦雷并伊子远发边外，或有陈梦雷之门生，平日在外生事者，亦即指名陈奏。……陈梦雷处所存《古今图书集成》一书，皆皇考指示训诲，钦定条例，费数十年圣心。故能贯穿今古，汇合经史，天文地理皆有图记，下至山川草木百工制造、海西秘法靡不备具，洵为典籍之大观。此书工犹未竣，著九卿公举一二学问渊通之人，令其编辑竣事。原稿内有讹错未当者，即加润色增删，仰副皇考稽古博览至意。[1]

---

[1] 《清世宗实录》卷二，康熙六十一年癸亥条，中华书局，1985，第55页。

第二章　古今图书集成馆的开设与复开

雍正帝即位不过一月，即下此诏谕，应该说是对此事相当重视。陈梦雷在康熙时期虽有"从耿逆"的前科，但得到了康熙的赦免，并被任命为集成馆总裁，待遇优厚，此时忽而生变，获罪遭遣，罪名是"不思改过，招摇无忌，不法甚多"，甚至连其子侄也受牵连，令人感到十分蹊跷。其实，这与康熙末年的皇位继承有关。大致而言，陈梦雷作为诚亲王的重要幕僚，直接参与了皇位争夺战，集成馆中多有陈梦雷亲戚子侄和门生故吏，多少牵连其中。雍正即位，对允祉集团反攻倒算，陈梦雷不可避免地成了雍正的重点打击对象。

对于康熙朝集成馆人员的处置，雍正元年正月二十七日《内阁学士蒋廷锡等奏陈办理古今图书集成情形并编校人员去留折》中有所透露：

> 其修书人员陈梦雷所取八十人，今除陈圣恩、陈圣眷已经发遣，周昌言现在缉拿，汪汉倬、金门诏已经黜革。其陈梦雷之弟陈梦鹏，侄陈圣瑞、陈圣策，应驱逐回籍。林镡、方侨、郑宽、

许本植四人皆福建人，系陈梦雷之亲，林在衡、林在峨二人系已革中书林佶之子，亦应驱逐。李莱已经告假，王之拭从未到馆，亦应除去外，存六十四人。[1]

雍正特意在奏折"皆福建人"行间朱批："此辈交部立刻递解还乡，行于督抚严加看守本地，不许在外游荡生事。先逐告假者，亦皆行文去。"[2] 关于惩办集成馆部分纂修人员之事，雍正元年一月二十七日内阁大库档案有所补充，说明刑部执行了雍正的谕旨：

刑部福建司为递解事。刑部福建司为十六阿哥、蒋廷锡、陈邦彦启奏古今图书集成馆事宜。奉旨：陈梦雷之弟陈梦鹏、侄陈圣瑞等交部立刻递解还乡，行于督抚严加看守本地，不许在外游

---

[1] 中国第一历史档案馆编：《雍正朝汉文朱批奏折汇编》第33册，江苏古籍出版社，1989，第585页。
[2] 中国第一历史档案馆编：《雍正朝汉文朱批奏折汇编》第33册，江苏古籍出版社，1989，第585页。

第二章 古今图书集成馆的开设与复开

荡生事,先告假之李莱亦行文去。[1]

可见,雍正即位后,对康熙朝原集成馆进行了局部清洗,惩治的对象主要是集成馆总裁陈梦雷、领袖纂修金门诏以及陈梦雷的亲戚子侄、门生故吏,共16人,分别予以发遣、缉拿、黜革、驱逐回籍等处罚。而这些人应该是集成馆纂修《集成》的主力,集成馆总裁遭到流放,其他15人离馆,势必会影响集成馆的正常运行,纂修工作暂时陷入停顿。

即便雍正帝对主持集成馆工作的允祉和陈梦雷恨之入骨,集成馆如何"藏污纳垢",作为继承大清帝国家业的君主,雍正也很清楚乃父下诏所编"典籍之大观"——《古今图书集成》的分量,鉴于《集成》尚未完工,因此提出"著九卿公举一二学问渊通之人,令其编辑竣事。原稿内有讹错未当者,即加润色增删",[2]也就是让九卿推荐人选,组织集成馆重新开馆纂修。

雍正元年正月初五日,雍正帝已经物色好合适的

---

[1] 台湾"中研院"历史语言研究所藏内阁大库档案《刑部送来元年上谕事件档》,档案号:290994-004。
[2] 《清世宗实录》卷二,康熙六十一年癸亥条,中华书局,1985,第55页。

人选，并下旨给内阁学士蒋廷锡："《古今图书集成》，皇考费数十年心力方成是书，今刷印校对之工尚有未完，特派尔为总裁，陈邦彦为副总裁。尔等务期竭心尽力，将通部重行校看，凡讹错字句及有应删应添之处，必逐一改正，以成皇考之书。钦此。"[1] 集成馆总裁、副总裁的重新任命，也标志着停顿多日的集成馆重新开馆，进入雍正朝集成馆时期，这一时期集成馆的主要纂修人员仍然是康熙朝原有纂修人员的班底，所以与康熙朝集成馆并非截然不同，这是值得我们特别注意的。

（二）雍正朝集成馆成效及评价

蒋廷锡接到集成馆总裁的任命，不敢怠慢，于三天后的正月初八日到集成馆，正式开展《集成》的纂修刷印工作。雍正元年正月二十七日《内阁学士蒋廷锡等奏陈办理古今图书集成情形并编校人员去留折》提到集成馆重新开馆后的人事安排和工作进度设想：

---

[1] 中国第一历史档案馆编：《雍正朝汉文朱批奏折汇编》第33册，江苏古籍出版社，1989，第585页。

第二章 古今图书集成馆的开设与复开

臣等虽学识浅陋，既承皇上恩命，敢不竭尽驽骀，以图报称。随于初八日到馆，同在馆人员先将通部卷数查明。查得《古今图书集成》共一万卷，已刷过九千六百二十一卷，未刷者三百七十九卷。臣廷锡、臣邦彦将已刷过之书，每人先各分校十卷。一卷之中，必有十余页错误应改印者。是虽名为将完之书，其未完之工实有十分之四也。臣等一面将未刷之书，令在馆人员详细校对、刷印，一面将已刷之书，令在馆人员分卷重校，臣廷锡、臣邦彦再加总阅，务期改正无误，仰副皇上命臣等至意。……存六十四人，臣等就所分校之书察其勘对勤惰、学问优劣。若果校对用心、行走勤谨，书完之日臣等列名具奏请旨；倘有怠忽懒惰者，即时驱逐，或有生事作非者，臣等指名题参黜革。庶勤谨者益加勉励，怠忽者亦知儆惧矣。将来去者或多，人数不敷，若再取贡监人员，臣等实无深知之人。此辈功名甚微，未必自重身家，恐致生事，请于翰林院咨取编检数员分领校对。为此具奏请旨。[1]

蒋廷锡和和陈邦彦接手集成馆后,做了以下几项工作:

1. 将《集成》"通部卷数查明",也就是审查康熙朝原集成馆所做工作,集成馆人员"每人先各分校十卷",蒋廷锡到馆清查之后报告:"查得《古今图书集成》共一万卷,已刷过九千六百二十一卷,未刷者三百七十九卷。"就刷印工作而言,康熙朝集成馆所刷印之《集成》已经大体完成了。

2. 针对康熙朝集成馆所纂修《集成》"一卷之中,必有十余页错误应改印者"之不足,蒋廷锡提出整改意见和工作进度设想:一方面将没有刷印的"三百七十九卷","令在馆人员详细校对、刷印";另一方面,将已刷印的部分"令在馆人员分卷重校",最后由总裁和副总裁再行审阅,保证无误。雍正帝对蒋廷锡的"改印"方案十分重视,批示:"改印者不必,恐有后论。将已成好之书改坏,大有所关,如必有不

---

[1] 中国第一历史档案馆编:《雍正朝汉文朱批奏折汇编》第33册,江苏古籍出版社,1989,第585页。

可处,亦当声闻于众而行。"[1] 最后的折中办法是,蒋廷锡率领集成馆人员对《集成》文字进行审查,对已刷印的部分进行校正,作一些技术性的处理,完成未刷印部分的刷印,折页装订。铜版《古今图书集成》中有一些挖补的痕迹,应该是雍正朝集成馆所为。

3. 提出新的人事安排。康熙朝集成馆经裁员后,剩余64人,但大多是贡、监人员,功名低微,蒋廷锡担心滋生事端,遂请旨从翰林院选拔人员入馆负责校对,对留用人员进行重新分工。从后来的实际纂修情形看,雍正朝集成馆除总裁、副总裁外,加上翰林院调拨人员,共有60名纂修人员留存在馆。

关于雍正朝集成馆所做的具体工作和纂修《集成》分工,雍正三年十二月《户部左侍郎蒋廷锡等奏昭各馆之例议叙古今图书集成编纂校对人员折》有具体体现:

首先,关于纂修刷印工作进度,蒋廷锡议叙折说:"每人二日限定校书一卷,及校看、刷印、排版、收发书籍,从无迟误。"雍正朝集成馆中负责校阅的人员

---

[1] 中国第一历史档案馆编:《雍正朝汉文朱批奏折汇编》第33册,江苏古籍出版社,1989,第585页。

共32人，若按"每人二日限定校书一卷"计算，则万卷的《集成》需要625天，近两年时间完成，这样的速度不算快，说明雍正朝集成馆校勘比较认真，在一定程度上保证了校阅质量。

其次，关于集成馆的闭馆时间，蒋廷锡议叙折亦有交代："今雍正三年十二月纂校已竣，除进呈本已装潢外，尚有六十三部现在折配，俟完日交与武英殿收管，其纂校人员皆令其出馆。"[1] 雍正三年十二月蒋廷锡请御制序文折说得更为明白："（集成馆）开馆于雍正元年正月，至今三年十二月告竣。"[2] 光绪朝《钦定大清会典事例》"修书"条"雍正三年奏准，修书处行走翰林生、监共二十七人，所修书籍，俱已告成。于翰林生、监中，拟留六员，以备查对缮写之用。其余二十一人，拨回翰林院。内有生监，照例办理。如再有纂修查对需用翰林之时，于翰林院行取，纂毕后仍回该院"[3]，

---

[1] 中国第一历史档案馆编：《雍正朝汉文朱批奏折汇编》第33册，江苏古籍出版社，1989，第592页。

[2] 中国第一历史档案馆编：《雍正朝汉文朱批奏折汇编》第33册，江苏古籍出版社，1989，第591页。

[3] 〔清〕昆冈等纂：《钦定大清会典事例》卷一一九九，清光绪二十五年（1899）石印本，第931页。

第二章 古今图书集成馆的开设与复开

反映了集成馆闭馆后人员安排的细节。也就是说集成馆闭馆于雍正三年十二月,从雍正元年正月初五日重新开馆到此时闭馆,雍正朝集成馆持续了整整三年时间。需要注意的是,集成馆虽然闭馆,但只装潢了一部《集成》,其余63部尚在折配,刷印工作尚未停止,迟至雍正六年才完成全部的折配工作。换言之,负责磨对、刷印的金筠等14人,闭馆时仍未出馆,继续完成刷印、装潢工作。

对于雍正朝集成馆的纂修成效,雍正三年十二月《蒋廷锡等奏报古今图书集成纂成告竣装潢一部呈览并请御制序文折》,向雍正汇报如下:

> 户部左侍郎在内阁学士里行走臣蒋廷锡等谨奏,为图书校阅已竣,恭请御制序文并进呈表文凡例,伏候睿鉴事。钦惟圣祖仁皇帝德含万象,学会三才,肇千古未有之制作,焕万年未有之文章,条贯典坟,旁通艺道,搜罗宇内百千种之秘册,殚劳几暇,数十年之圣心,令将古今图书汇集成编。时纂辑诸员不能详细精勤,致卷帙阙遗,汗青未竟。我皇上至孝至仁,善继善述,御极之初,

特命臣廷锡等董竣厥事。臣等禀承谕旨,遵奉前规,督率在馆纂校人员详悉考订,补未纂三千余卷,改旧编十六万余篇。正其讹谬,删其重复。凡为编有六,为典三十二……共书一万卷、目录二十卷。[1]

雍正四年九月二十七日《御制古今图书集成序》,雍正帝也有总结:

(康熙)又以为未揽其全,乃命广罗群籍,分门别类,统为一书,成册府之巨观,极图书之大备,而卷帙浩富,任事之臣弗克祇承,既多讹谬,每有阙遗,经历岁时久而未就。朕绍登大宝,思继先志,特命尚书蒋廷锡等董司其事,督率在馆诸臣重加编校,穷朝夕之力,阅三载之勤。凡厘定三千余卷,增删数十万言,绘图精审,考定详悉。书成进呈,朕览其大凡,列为六编,析为三十二典,

---

[1] 中国第一历史档案馆编:《雍正朝汉文朱批奏折汇编》第33册,江苏古籍出版社,1989,第591页。

其部六千有余,其卷一万……[1]

蒋廷锡所称的"补未纂三千余卷,改旧编十六万余篇",与雍正帝御制序文所称"厘定三千余卷,增删数十万言",说法颇为一致。但"补未纂三千余卷"之说显然与蒋廷锡"已刷过九千六百二十一卷,未刷者三百七十九卷"之说矛盾,前文已经提及蒋廷锡率领的集成馆主要是完成《集成》的补印和校阅工作,所以御制序文所称"厘定三千余卷"的说法较为合理。与此同时,蒋廷锡对《集成》的校改和审查受雍正谕旨中"改印不必"的限制,力度也有限,例如杨文言被雍正帝视作"耿逆伪相、一时漏网",但是他的《历象图说》依然保留在《集成》里。从《集成》的避讳情况看,蒋廷锡也是尽可能少改。

综上,笔者认为,康熙朝集成馆在《集成》的纂修过程中所起的作用相当大。《集成》的纂修与康熙帝支持,诚亲王协调,陈梦雷总裁及诸纂修校阅人员都关系极大。康熙朝集成馆设立后,陆续补入当时官编

---

[1]《钦定古今图书集成》卷首,清雍正六年(1728)内府刊本。

图书，如《大清会典》《朱子全书》《万寿盛典》《康熙字典》和方志、皇帝谕文等，以及大量的私家撰著。据蒋廷锡雍正元年正月二十七日的奏折可知，集成馆80人中有陈梦雷的亲戚子侄、门生故吏，且他们多为年轻后生，功名不显。但是这些纂修人员的工作效率非常高，集成馆开馆后的三年时间内已经将《集成》大致完稿，只待刊印。可以说，允祉和陈梦雷不拘一格选拔人才入集成馆，纂修人员的年轻化、轻品第，以及专业化的分工合作都保证了《集成》纂修的速度和质量。

所谓"厘定三千余卷，增删数十万言"，虽略显夸张，但也反映了雍正朝集成馆对《集成》的最后定稿和刷印都起到了至关重要的作用。蒋廷锡于雍正三年十二月奏请"恭拟进书表文一道，凡例四十七条，另录呈览。仰候皇上改定发出列于总目之前。为此谨奏请旨。朱批：知道了。序文著南书房请旨"。[1] 蒋廷锡的提议得到了雍正的首肯，今天我们所见《集成》卷首有《御制序文》《进书表》和《凡例》47条，其中《御

---

[1] 中国第一历史档案馆编：《雍正朝汉文朱批奏折汇编》第33册，江苏古籍出版社，1989，第591页。

制序文》的落款时间为雍正四年九月二十七日,说明64部《集成》其时已经全部刷印出来了。客观而言,蒋廷锡等人的工作也还是有许多疏漏之处,龙继栋光绪年间曾考证《集成》存在的问题,并撰成《古今图书集成考证》。该书光绪二十年(1894)收入上海同文书局石印本《集成》的附录,共24册,篇幅大约相当于《集成》的5%。可见雍正朝集成馆所校定之《集成》存在问题甚多,蒋廷锡等人没能及时发现并改正。

表一:《古今图书集成》成稿过程示意表

阶段	时间	要事分年	要事	资料来源
陈梦雷原稿	初稿(1701—1706)《汇编》	康熙四十年(1701)	原名《汇编》,康熙四十年十月领银雇人缮写	陈梦雷《进汇编启》
		康熙四十五年(1706)	康熙四十五年四月书成,将凡例、目录进呈允祉,俟其裁定	陈梦雷《进汇编启》《告假疏》
	修订稿(1706—1716)《汇编》		继续补充增订	陈梦雷康熙四十八年二月、四十九年《告假疏》《水村十二景有引》

续表

阶段	时间	要事分年	要事	资料来源
康熙集成馆开馆校订稿	奏进稿（1716—1722）赐名《古今图书集成》	康熙五十五年（1716）	奏进，康熙赐名《古今图书集成》，以陈梦雷为总裁在武英殿立馆加工，80名馆员负责分纂分校；设铜字馆准备刷印工作	龙顾山人《十朝诗乘》、雍正三年十二月蒋廷锡奏折、黄子云《长吟阁诗集》卷一
		康熙五十八年（1719）	康熙五十八年四月允祉奏请书成之日加倍赏赐，《集成》大体完稿	雍正三年十二月蒋廷锡奏折
		康熙五十九年（1720）	康熙帝下旨刷印《集成》60部，实际多印六部	雍正元年蒋廷锡奏折
		康熙六十一年（1722）	康熙六十一年十一月雍正即位，将陈梦雷等十余人流放、黜革，集成馆工作暂停	《雍正实录》卷二、萧奭《永宪录》卷二、金门诏《全韵诗》
雍正复行开馆修订稿（1723—1728）	校订稿	雍正元年（1723）	重新开馆，以蒋廷锡为总裁，裁撤馆员，增补翰林院人员，60人负责校订、续纂	雍正元年蒋廷锡奏折
		雍正三年（1725）	雍正三年十二月告竣，蒋廷锡进表，将《集成》装潢一部呈览，令馆员出具领，继续刷印、折配书籍	雍正三年十二月蒋廷锡奏折、进表
		雍正四年（1726）	雍正四年六月初一日就馆员行走年份分别议叙；雍正四年九月颁定御制序文	雍正四年孙柱奏折、雍正御制序文
		雍正六年（1728）	折配工作告竣，印刷64部；赏赐亲王大臣，存贮宫中各处	乾隆四十一年四月永瑢奏折

第三章 古今图书集成馆的组织管理与纂修人员

一、集成馆的日常运作与协调

(一)集成馆与武英殿修书处的协调关系

笔者在第二章中考证,集成馆设立的地点是在武英殿。而武英殿修书处作为内府常设的修书机构,负责具体的修书事宜,它与集成馆之间有何关系?许多学者认为,武英殿修书处设于雍正七年,而集成馆于康熙五十五年开馆,至雍正三年十二月闭馆,因此可以说,从时间上看,二者应该毫无关涉。也有学者认为,武英殿修书处所设置的职官如监造、库掌等,职衔较低,对集成馆不可能有领属管理的权力。事实是否如此？这就有必要考订武英殿修书处的设立时间与运作机制。

关于武英殿修书处设立的时间，学界有较大的分歧。孙毓修《中国雕板源流考》较早提出这一问题，他说："按武英殿刻书，未知始于何时。今考《御定全唐诗》及《历代诗余》皆刊于康熙四十五、六年，而何义门在康熙四十二年（1703）已兼武英殿纂修，则由来已久。"[1] 谢国桢则认为是康熙十二年："到了康熙十二年，在武英殿内设立修书处，后来又改名为造办处，选拔词林翰苑名臣，招集工匠，在那里校刻殿本书籍。"[2] 张德泽《清代国家机关考略》则认为："武英殿修书处初为武英殿造办处，康熙十九年（1680）设。雍正七年（1729）改为武英殿修书处。"[3] 各家众说纷纭，究其缘由，主要是文献记载的差异，而考究者又习焉不察。

---

[1] 孙毓修：《中国雕板源流考》，载上海新四军历史研究会印刷印钞分会编：《雕版印刷源流》（"中国印刷史料选辑"之一），印刷工业出版社，1990，第27页。

[2] 谢国桢：《从清武英殿版谈到扬州诗局的刻书》，《故宫博物院院刊》1981年第1期，第15页。

[3] 张德泽：《清代国家机关考略》，学苑出版社，2001，第188页。

第三章 古今图书集成馆的组织管理与纂修人员

光绪朝《钦定大清会典事例》"武英殿修书处"条有：

> 康熙十九年奉旨，武英殿设造办处，设监造六人，派侍郎及司员经营，无定员。二十四年设笔贴式一人，四十一年增设笔贴式一人。四十三年奉旨，监造六人俱行裁汰。又复设监造六人。四十四年，增设监造六人。又奏准武英殿砚作归养心殿造办处。裁给监造二人。又奉旨增设笔帖式一人。四十八年，裁监造二人。又奉旨增设笔帖式一人。四十八年，裁监造四人。五十三年，增设监造二人。五十五年奉旨增设监造一人。五十七年奏准，珐琅作改归养心殿造办处，裁给监造一人。六十一年，露房归武英殿，增设监造一人，笔帖式二人。雍正二年，裁监造，设库掌三人，四年复设监造二人。六年，增设库掌一人。七年，铸给武英殿修书处图记，设委署主事一人。[1]

---

[1] 〔清〕昆冈等纂：《钦定大清会典事例》卷一一七三，清光绪二十五年（1899）石印本，第175页。

学者大都根据此记载，断定康熙十九年设武英殿造办处，雍正七年才改名为武英殿修书处，换言之，雍正七年以前，只有武英殿造办处，并不存在武英殿修书处。笔者认为，此记载只是说"七年，铸给武英殿修书处图记，设委署主事一人"，即雍正七年给武英殿修书处铸造并发放图记，设置一名委署主事协助处理修书等相关事宜，并未说武英殿修书处于该年设立。事实上，按照清代官印制度，铸造印章并不一定表明机构或职官刚刚设立，给内府机构铸发印章往往晚于该机构设立的时间。如中正殿，康熙三十六年奉旨供奉佛像，迟至雍正七年才铸给图记，显然是机构体制成熟时才铸造图记。据故宫图书馆杨玉良的说法，武英殿修书处图记为满汉合璧的方形阳文印钤[1]。到了晚清时期，仍有内府管理该图记的记载。

北京故宫博物院图书馆藏咸丰二年（1852）内府抄本《钦定总管内务府现行则例》"武英殿修书"条有：

> 康熙十九年十一月，奉旨设立修书处，由内

---

[1] 杨玉良：《武英殿修书处及内府修书各馆》，《故宫博物院院刊》1990年第1期，第28—40页。

务府王大臣总其成，下设兼管司二人，以内务府官员兼任。下又设正监造员外郎一人，副监造、副内管领一人，委署主事一人。掌库三人，委署掌库六人。[1]

《钦定总管内务府现行则例》明确记载武英殿修书处设于康熙十九年十一月，与《钦定大清会典事例》的记载似乎是矛盾的。那么，《则例》是否错讹了呢？其实不然。

《钦定八旗通志》卷四五《职官志》载：

> 武英殿修书处，管理事务王大臣二人，监造一人正五品，副监造一人正六品，委署主事一人。库掌一人正六品，库掌三人正七品，笔帖式四人，委署库掌六人，拜唐阿十九人。员额康熙十九年定。[2]

---

[1] 北京故宫博物院图书馆藏咸丰二年（1852）内府抄本《钦定总管内务府现行则例》。
[2] 《钦定八旗通志》卷四五《职官志四》，清嘉庆元年（1796）武英殿刻本。

这里特别强调武英殿修书处"员额康熙十九年定",也就是说康熙十九年就已经有武英殿修书处了。《钦定八旗通志》于雍正年间开始纂修,所言相当可信。

对比《事例》《则例》和《钦定八旗通志》三者所载职官设置,《钦定八旗通志》与《则例》所载职官一致,而与《事例》所载职官出入较大。如武英殿修书处"由内务府王大臣总其成,下设兼管司二人,以内务府官员兼任。下又设正监造员外郎一人,副监造、副内管领一人";武英殿造办处则"设监造六人,派侍郎及司员经营,无定员"。武英殿造办处和武英殿修书处于同一年成立,但职官设置却有很大差异,说明二者并不是同一机构,而是存在隶属关系。

值得注意的是,康熙朝文献档案中就屡次出现"武英殿修书处",说明其在雍正七年铸给图记之前就已经存在,也证明了《则例》所说的"康熙十九年十一月,奉旨设立修书处"符合史实。如"潘秉钧于康熙四十四年考取入京,十月调四朝诗修书处,书告成后,调子史精华修书处,四十八年四月又调武英殿修书处,本年六月给发钱粮,五十年四月告假回籍,前后效力

第三章 古今图书集成馆的组织管理与纂修人员

五年七个月"。康熙五十九年十月十八日《翰林院为查对武英殿等处所送生监人数档案》称:"武英殿修书处咨送监生王宸俊等五人。"[1]

此外,笔者找到了最直接的档案证据,可确证雍正七年铸造"武英殿修书处图记",与设立武英殿修书处无关,而是为了内府旗人办事出入方便。内阁大库档案载,雍正七年十月二十日,镶白旗护军营为"前锋护军告假出门官防图记由"奏称:

> 镶白旗满洲咨为八旗兵丁及拜唐阿闲散人等:如有告假前往各省以及口外者俱令禀明该管官,详细声明存档,给领印票,回日缴销。如不领印票,私行前往,或领有印票私往别处者,俱鞭一百。[2]

该件档案浮签注明:"前锋护军告假出门,照领催

---

[1] 台湾"中研院"历史语言研究所藏内阁大库档案,康熙五十九年(1720)十月十八日,档案号:164047-001。
[2] 台湾"中研院"历史语言研究所藏内阁大库档案,雍正七年(1729)十月二十日镶白旗护军营奏,档案号:167478-011。

马甲拜阿等之例，由本甲喇章京印给官防图记，闲散人等告假，亦由本佐领押给图书印记。"考虑到内务府各处八旗兵丁及拜唐阿闲散人告假，需要给领印票、回日缴销，而隶属于内务府的武英殿等处原先并无衙门印章可供使用，出入管理十分不便，因此，雍正七年十一月二十三日，镶白旗护军营再奏：

> 内务府咨景运门值班统领：养心殿、武英殿、中正殿等七处，原无官防图记，应如护军统领所奏，各该处图记交广储司铸给。嗣后持有印信官防图记，方许拿出。如此看守禁门人员，亦不敢忽略。[1]

由此可见，武英殿修书处与养心殿、中正殿等七处内务府机构，同时于雍正七年十一月由广储司铸造图记，铸造的缘由与旗人管理有关，与机构设立毫无联系。

关于武英殿修书处所在地，《钦定日下旧闻考》卷

---

[1] 台湾"中研院"历史语言研究所藏内阁大库档案，雍正七年（1729）十一月二十三日镶白旗护军营奏，档案号：167478-012。

第三章 古今图书集成馆的组织管理与纂修人员

一三根据《国朝宫史》"(武英殿)规制如文华门,前御河环绕石桥,三殿前后二重,皆贮书籍,凡钦定命刊诸书俱于殿左右直房校刻装潢,西北有浴德堂,为词臣校书直次,设总裁统之",补充记载道:"(武英殿)西北为浴德堂,即旧所称修书处也,浴堂在其后,西为井亭。"[1] 按照此记载,康熙时修书处所在地很可能在武英殿浴德堂,而非武英殿大殿。

综上所述,笔者认为,武英殿修书处始设于康熙十九年十一月,隶属于武英殿造办处,与其后陆续裁撤的武英殿砚作、珐琅作、露房是平行部门,砚作、珐琅作、露房等裁撤后,剩下武英殿修书处等少数几个部门。随着武英殿修书处修书职能的加强,内务府为其铸造印章,升格为直属总管内务府下的专门刊书机构。武英殿造办处的设立早于养心殿造办处,因此囊括了修书、造办等各项职能,及至养心殿造办处成立,遂将部分职能移交出来,逐渐只保留了修书的主要职能。因此,开馆于康熙五十五年的集成馆,与始设于康熙十九年的武英殿修书处存在协调互动关系,

---

[1] 〔清〕于敏中等编:《钦定日下旧闻考》卷一三,北京古籍出版社,1981,第172—173页。

从时间上说是合乎情理的。

关于武英殿修书处的职掌,《钦定八旗通志》卷四五载:"御书处、武英殿修书处、养心殿造办处均掌内廷书籍、典册、修造之事。"[1] 乾隆三十九年(1774)奉敕编撰的《钦定日下旧闻考》卷七一载:"(增)康熙十九年始以武英殿内左右廊房共六十三楹为修书处,掌刊印及装潢书籍之事,钦命皇子及大臣总理之,提调、校对以翰詹官充。"[2] 该条根据《内务府册》档案所增,所言当可靠。《钦定日下旧闻考》是在朱彝尊《日下旧闻》的基础上补修而成的。文前加"增"字,表明非朱氏原书所有,乃后来所增。是否为康熙时的记载虽不能定,但至少是反映康熙时武英殿修书处职掌的难得史料。

至于康熙时武英殿修书处具体部门的权责设置,咸丰二年(1852)内府抄本《钦定总管内务府现行则例》有进一步的阐释:康熙时期"(武英殿修书处)设

---

[1]《钦定八旗通志》卷四五《职官志四》,清嘉庆元年(1796)武英殿刻本。
[2]〔清〕于敏中等编:《钦定日下旧闻考》卷七一,北京古籍出版社,1981,第1190页。

第三章 古今图书集成馆的组织管理与纂修人员

有书作、刷印作。书作司界划、托裱等职;刷印作管理写样、刊刻、刷印、折配、装订等职。有拜唐阿十九名,委署领催四名。另设匠役若干,分别为书匠、界划匠、平书匠、刷印匠等,共八十四人,分办各作之事。"[1] 而据《钦定大清会典事例》载:"原定铜字库,库掌一员,拜唐阿二名,专司铜字、铜盘及摆列等事。雇摆字人,每月每人工食银三两五钱。刻铜字人,每字工银二分五厘。"[2]《集成》为铜字刷印,乾隆以后并无内府铜字刻印,可见该记载反映的是康熙时期武英殿修书处之事。这里的铜字库亦即铜字作,乾隆九年内务府奏销档有武英殿修书处职官的相关记载,康、雍时期无定额,到了乾隆四十三年基本形成了定制。据此,我们可以大致梳理出康熙时期武英殿修书处的机构设置情况,即武英殿修书处下设监造处,监造处管理书作、刷印作和铜字作(即铜字库)。书作负责书籍的界划、托裱等;刷印作管理写样、刊刻、刷印、

---

[1] 北京故宫博物院图书馆藏咸丰二年(1852)内府抄本《钦定总管内务府现行则例》。

[2] 〔清〕昆冈等纂:《钦定大清会典事例》卷一一九九,清光绪二十五年(1899)石印本。

折配、装订等；铜字作则负责铜字、铜盘及摆列等事，雇用摆字人和刻铜字人。

康熙时期，常有各类书馆在武英殿编纂典籍之事。关于武英殿修书处与修书各馆的关系，杨玉良《武英殿修书处及内府修书各馆》一文有精辟的论断："二者的隶属关系不同，分工各异。但总的任务是一个，都是为清代皇帝纂刊书籍。前者是刊刷、装潢书籍的出版发行机构，后者是书籍的编纂、修订单位，彼此关系甚密。"[1] 具体到集成馆，实际情形也颇为类似，集成馆负责《集成》的编纂、校对工作，而武英殿修书处则负责《集成》的刊印、折配、装潢、颁发等事宜。档案所见，雍正三年十二月集成馆已经闭馆，纂修人员皆令出馆，但《集成》的刊印、装潢工作却一直在进行，迟至雍正六年才完成全部的刊印工作。

康熙朝集成馆中，大部分的纂修人员都是负责《集成》的分纂、分修工作，而雍正朝集成馆的人员分工，则有分书收书登记、校阅兼续纂、磨对刷印、收查卷

---

[1] 杨玉良：《武英殿修书处及内府修书各馆》，《故宫博物院院刊》1990年第1期，第38页。

页号数、校对补改、查理一应校对书籍等[1]。大体而言，都是负责《集成》的纂修、校对工作，而《集成》的刷印、装潢等事宜，则由武英殿修书处具体完成。

关于《集成》铜活字的制作地点，清人吴长元《宸垣识略》云："武英殿活字板处在西华门外北长街路东，长元按：活字向系铜铸。"[2]认为铜活字制作地点在武英殿。《钦定日下旧闻考》卷七一云："乾隆三十八年春，创制活字板，赐名聚珍，置局西华门外北长街路东，排印各书，事亦隶焉。"《光绪顺天府志》卷一三《京师志》载："乾隆三十八年创置活字板，锡名聚珍，置局西华门外北长街路东，排印各书。"[3]《宸垣识略》系根据康熙年间朱彝尊所编《日下旧闻》和《日下旧闻考》两书提要钩玄、去芜存菁而成。对比以上活字版处的两则记载，吴长元《宸垣识略》很有可能抄自《钦定日下旧闻考》，且对后者有所发挥，因其将乾隆聚珍馆和康熙铜字馆混为一谈。

---

[1] 中国第一历史档案馆编：《雍正朝汉文朱批奏折汇编》第33册，江苏古籍出版社，1989，第592页。
[2] 〔清〕吴长元：《宸垣识略》，北京古籍出版社，1981，第55页。
[3] 〔清〕缪荃孙等：《光绪顺天府志》卷一三《京师志》，北京出版社，2001，第339页。

（二）书籍资料及经费来源

集成馆纂修万卷之《集成》，必须要有书籍资料，充足人员和物资方面的保障。关于书籍资料来源，金门诏《全韵诗·怀三馆吟》认为："都宣瑶笈，图书出内厨。（圣祖朝诏修《古今图书集成》，颁内府藏书数百万卷，开馆试士。）"[1] 杨钟羲《雪桥诗话三集》卷四也认为："康熙丙申开馆纂修《古今图书集成》……尽发内府书互相考证，七载成书。"[2] 可见，集成馆纂修《集成》，主要资料来自内府藏书。陈梦雷编纂《汇编》，所利用的资料主要是允祉协一堂私人所藏和陈梦雷个人藏书15 000余卷，所利用的图书典籍主要是"十三经"和"二十一史"等有限资料，因而只能"只字不遗""十亦只删一二"[3]。而集成馆开馆纂修的资料基础如金门诏所言，达数百万卷，可谓充足，无疑保证了《集成》的编纂质量，使之成为"册府之巨观，为群书

---

[1]〔清〕金门诏：《全韵诗·怀三馆吟》，清乾隆七年（1742）刻本，国家图书馆藏。

[2]〔清〕杨钟羲：《雪桥诗话三集》卷四，民国吴兴刘氏刊本。

[3]〔清〕陈梦雷：《松鹤山房文集》卷二《启四》，《续修四库全书》第1416册，上海古籍出版社，2002，第38—39页。

之渊海"[1]。从现存的《集成》看,其资料的选录基本做到了雍正帝所称的"贯穿今古,汇合经史,天文地理皆有图记,下至山川草木百工制造、海西秘法靡不备具"[2]。

关于《集成》引用书目的具体数字,台湾"国家图书馆"藏有《钦定古今图书集成引用书目》四册,为清内府朱丝栏钞本,上有"国立中央图书馆收藏"朱文长方印、"王氏二十八宿研斋祕笈之印"朱文长方印、"恭绰"朱文方印、"遐庵经眼"白文方印、"玉父"白文长方印。笔者2013年曾赴台湾"国家图书馆"调阅此书目,初步判断该书目可能是《集成》刻印时引用书目的汇总记载,十分珍贵。而根据裴芹的粗略统计,《集成》引录的典籍,"其种数也在3448种之上";裴芹所编《古今图书集成方志书目辑录》统计《集成》引用的方志达1940种[3]。《集成》收录的资料遍及古今,从时间下限看,已经到了康熙五十八年,如《明伦汇编·闺媛典》卷三二一记载:"康熙五十八年,邑人请

---

[1] 〔清〕张廷玉:《澄怀园语》卷一,清乾隆刻本,国家图书馆古籍馆藏。
[2] 《清世宗实录》卷二,康熙六十一年癸亥条,中华书局,1985,第55页。
[3] 裴芹:《古今图书集成研究》,北京图书馆出版社,2001,第10页。

有司奉旨建坊旌。"裴芹认为,《集成》收录资料,在一定程度上克服了贵古贱今的倾向,比较重视引录包含清代政治、天文与医学方面新成果的工具书和学术著作。尤其是大量辑录清代官编图书,如《大清会典》、《万寿庆典》、《全唐诗》、六部则例等。甚至尚未完成编纂的书,如《大清一统志》《明史》,也大量见之于《集成》。如台湾学者杨家骆就从其中辑得万斯同《明史稿》700万言以及明末清初所修方志数十种。也有学者研究发现,《集成》收录了大量所谓"海西秘法"的西学著作,如《远西奇器图说》和《泰西水法》被收入《经济汇编·考工典》,《灵台仪像志》被收入《历象汇编·历法典》,这些都体现了《集成》汇通中西的资料收录原则。《集成·凡例》中宣称:"古人左图右史,如疆域山川,图不可缺也。即禽兽、草木、器用之形体,往籍所有,亦可存以备览观。或一物而诸家之图所传互异,亦并列之,以备参考。"国家博物馆藏有单印本《钦定古今图书集成图》110册,总计8654张图,规模庞大,绘刻精工。图像包括天文星象、疆域图记、山岳形势、神仙传奇、花草树木、禽虫鸟兽、青铜器皿、农桑水利、冠服配饰、乐律玉器、货币量具、仪仗礼器、城制苑囿、

第三章 古今图书集成馆的组织管理与纂修人员

军阵战备、百家考工等各个方面,每图配以文字说明,足见《集成》收录资料之包罗万象。

如前所述,集成馆的物资保障是由武英殿修书处具体负责的。集成馆的经费也由武英殿修书处经办,修书处所有的库存银两、物料、书籍及开支情况,按月、季、年三种分别呈报一次,年终还须汇总缮成黄册呈览奏销。从档案看,武英殿修书处的经费来源前后发生了变化,《钦定大清会典事例》卷一一九九"修书处领用官物并奏销"条载:"康熙四十三年奉旨,修书所用钱粮,不必向内库支领,于崇文门监督处赢余银两内,行取二千两办理,用完奏明再取。又议定,每年行取银两,给发修书翰林等饭食及匠役工价工食、并办买物料等项,均开造清册,于次年年终奏销。四十九年奏准,嗣后修书等所用物料,除库内有者行取应用外,库内无者,本处办买应用,照例入于次年清册奏销。雍正三年奉旨:武英殿修书处所用银两,著向内库取用。"[1] 可见,康熙五十五年至雍正三年,集成馆的经费由武英殿修书处经办,修书处则从崇文

---
[1] 〔清〕昆冈等纂:《钦定大清会典事例》卷一一九九,清光绪二十五年(1899)石印本,第932页。

门监督处赢余银两中支领，各种纸墨物料则分别从内务府所属各司领取，各处无存，奏明采买。《大连图书馆藏清代内务府档案》收录的《雍正三年十二月银库月折》，载有《集成》经费来源的珍贵资料："镇国公允祹、散佚大臣委署内务府总管常明、传选（奏）：武英殿郎中巴实据侍郎蒋廷锡等文开，纂修《钦定古今图书集成》办买物料并给匠役工价取银九百两。"[1]此档案反映出《钦定大清会典事例》所载武英殿修书处经费取用从崇文门到内库的变化。这里清楚地表明，提出经费申请的是集成馆总裁蒋廷锡，办理《集成》经费报销的中间人是武英殿郎中，经费支出部门是内务府所属广储司银库。这些不仅反映出集成馆与武英殿修书处的协调关系，也说明集成馆的编纂、刷印、物料费用，武英殿无权决定，只是应集成馆的要求，办理相关手续而已。

雍正三年十二月，集成馆虽已闭馆，但所需费用仍然高达900两，那么，纂修近十年的集成馆总费用又是多少呢？《集成》半页9行，行20字，小字双行，

---

[1] 大连图书馆编：《大连图书馆藏清代内务府档案》第16册，国家图书馆出版社，2010，第611页。

第三章 古今图书集成馆的组织管理与纂修人员

行20字。全书共1万卷、1.6亿字,44 400余页,平均每卷44页左右。[1]纂修并刷印这样一部超大部头的类书,所需投入的财力、物力和人力都是极大的。雍正朝宠臣鄂尔泰曾先后蒙恩得到两部铜活字版《集成》,其子鄂容安所编《襄勤伯鄂文端公年谱》称:"钦赐《古今图书集成》一万二千卷。……纂修六年书成,复增三年告竣,议叙官数十人员,费帑资百万余两。仅刷书六十部,板随刷随毁。"[2]制作铜活字的工艺十分复杂,不仅需要大量人力、物力,挑选写字、刻字匠役,设立制作铜活字字钉的作坊,解决刻字刀具等一系列技术难题,还需要准备昂贵的铜料,所费不菲。翁连溪推算,"如按每人每月工银3两5钱计算,刻铜字人每天要刻5个铜活字,按每月30天算,共刻字150个,25万铜活字由50人镌刻要用近3年的时间"[3]。三年的时间内制作100余万个铜活字,则需200多个刻铜字人。刻

---

[1] 曹红军:《康雍乾三朝中央机构刻印书研究》,南京师范大学2006年博士学位论文,第59页。

[2] 〔清〕鄂容安等:《襄勤伯鄂文端公年谱》,载中国社会科学院历史研究所清史研究室编:《清史资料》第2辑,中华书局,1981,第99页。

[3] 翁连溪:《谈清代内府的铜活字印书》,《故宫博物院院刊》2003年第3期,第82页。

铜字人，每字工银二分五厘，比之木刻宋字（明体）、软字（楷体）的工资，几乎贵了几十倍[1]。金属坚硬，比木板难刻得多，工价自然倍增。如果将内府铜活字制作和后来道光年间福建人林春祺的福田书海铜活字印书进行对比，我们就能获得更加直观的认识。林春祺从道光五年（1825）兴工镌刻铜活字，至道光二十六年（1846）完成，历经20载，终于刻成"楷书铜字大小各二十余万字"，即总计40余万个铜活字，"耗资二十余万金，辛苦二十年"[2]。相较之下，内府要制作数量更加惊人的铜活字，所需花费自然是极大的。

根据内务府奏销档案，乾隆十八年五月二十九日庄亲王奏参武英殿官员滥行开销余平银事有："查得武英殿康熙六十一年奏销档内，自四十三年起至六十一年计

---

[1] 关于康熙时武英殿刻字的费用，嘉庆十五年（1810）六月初四日武英殿修书处官员等呈为呈明存案事云："据掌稿笔帖式王广等禀称，兹据刻字头目胡佩和等呈称，本殿向例刊刻各种书籍板片等，每百字工银八分，缮写宋字每百字工银二分，每日每名仅刻字百十余个，写宋字四百余个，每日只领工银八九分不等，均系康熙年间旧例。"参见国家图书馆藏《武英殿刻书处报销档案》，清道光二十年（1840）武英殿修书处抄本。

[2] 转引自王继祥：《珍贵的铜活字印刷文献〈铜板叙〉》，《文献》1992年第2期，第274页。

第三章 古今图书集成馆的组织管理与纂修人员

十九年，共领过崇文门银十五万三千五百两，并无余平，亦无细册可查。雍正元年至雍正三年，每年领过崇文门银六千两，亦无余平银。"[1] 加算起来，武英殿自康熙四十三年至雍正三年总共领过崇文门银近16万两，若集成馆的经费全部从此崇文门银中支取，扣除武英殿造办处等其他各馆的支出，则集成馆的经费总额约为10万两。根据何人龙密折，可知康熙时允祉领衔的诸馆需"岁每数万"，集成馆开销数额庞大，"每岁销耗钱粮十倍诸馆之数"[2]，则集成馆每年花费近十余万两白银。关于集成馆日常事务所需的经费，史籍无载，但从后来的修书处支出情况看，例由余平银中支出，如乾隆十八年六月十四日奏为将管理武英殿御书处官永忠等治罪事："武英殿每年写刻装订书籍需用银三五千两至六七千两，每两得二三分平余不等，此项平余添补翰林厨房家伙，并各作凉棚以及各处刻字柏唐阿、匠役人等雇车、

---

[1] 中国第一历史档案馆藏内务府奏销档案，乾隆十八年（1753）五月二十九日庄亲王奏参武英殿官员滥行开销余平银事。

[2] 原题《翰林院检讨何人龙奏陈泽旺纳款宜设重镇兵屯以固封守及修书议叙宜严甄别不得滥除州县折》，雍正元年（1723），见中国第一历史档案馆编：《雍正朝汉文朱批奏折汇编》第32册，江苏古籍出版社，1989，第31—33页。

饭食等项应用，年终归总，呈堂存案。"[1]

二、纂修人员的选拔与分工

（一）集成馆纂修人员的选拔

清代开馆修书，选拔修书人员（如誊录、校对）一般有几种方式，如从翰林院中挑选翰林入馆，或者从顺天府乡试落榜者中遴选，或者以大臣举荐的方式择取。康熙年间，修书制度尚属草创，各馆修书有其特殊性，不可一概而论。集成馆就灵活地采用了多种选拔方式。笔者尚未找到康熙朝选拔集成馆纂修人员的档案，但借由雍正朝档案及纂修人员履历，可大致管窥当时纂修人员的选拔情况。集成馆纂修人员的来源：一是集成馆总裁陈梦雷的推荐，多为其门生故吏、亲戚子侄；二是监修诚亲王允祉选拔物色的人员；三是下诏考试选拔，主要是学有专长的举、贡生员，这

---

[1] 中国第一历史档案馆藏内务府奏销档案，乾隆十八年（1753）六月十四日奏为将管理武英殿御书处官永忠等治罪事，卷号：05-0128，档案号：05-0128-070。

也是集成馆纂修人员的主要构成部分；四是从翰林院调拨人员入馆，雍正即位后尤其重视这一点。概括而言，主要有以下几种选拔方式：

第一，举荐。雍正元年（1723）正月二十七日，蒋廷锡向雍正帝奏陈办理《集成》情形及康熙朝集成馆编校人员去留折中，提到"其修书人员陈梦雷所取八十人"[1]，可见，原集成馆总裁陈梦雷在纂修人员选拔方面有相当大的自主权，可以推荐人员入馆。陈梦雷所取人员中，就包括了其子陈圣恩、陈圣眷，弟陈梦鹏，侄陈圣瑞、陈圣策，同乡亲戚林镡、方侨、郑宽、许本植，门生汪汉倬、金门诏等十余人。雍正元年，翰林院检讨何人龙密折称陈梦雷"复招逆臣杨文言之子与伊子弟戚属共主馆事，互相援引，匪类日增，渐为内患。恭遇我皇上登极，圣神英武，首诛大恶，窜伊父子，逐伊党类，铜字一馆不复藏垢纳污，人心痛快"[2]。在何人龙看来，康熙朝集成

---

[1] 中国第一历史档案馆编：《雍正朝汉文朱批奏折汇编》第33册，江苏古籍出版社，1989，第563页。

[2] 原题《翰林院检讨何人龙奏陈泽旺纳款宜设重镇兵屯以固封守及修书议叙宜严甄别不得滥除州县折》，原折无年月，依据具奏者何人龙职务变化推断得出（何人龙原为翰林院检讨，雍正元年十月引见，奉旨以部郎用）。见中国第一历史档案馆编：《雍正朝汉文朱批奏折汇编》第32册，江苏古籍出版社，1989，第32页。

馆中十余位"共主馆事"的纂修人员,皆为陈梦雷的"子弟戚属",是所谓的"匪类""党类""内患"。何人龙说此话虽别有用意,但陈梦雷安排亲戚子侄入馆确是实情。除此之外,还有相当一部分纂修人员是由允祉和陈梦雷举荐入馆的。如金门诏,"圣祖时纂修御书,生即膺首选,诚亲王以国士待之。初以明经选寿州广文,其时已中丁酉乡榜,生闻选即行,诚王重其才,留之,未赴任"[1]。徐颖梁,"荐入图书集成馆分纂,登封知县"[2]。张绍懿,"荐入图书集成馆分纂,议叙知县"[3]。金应元,"字霖舒,上海人,弱冠工文词,以岁贡荐入武英殿,纂修《图书集成》,登雍正二年顺天乡荐,除两淮运判"[4]。徐曰模,"字范兹……二十九岁登康熙甲午科贤书,次年赴春闱,适同号程生持经艺就质,号役告之当事,因下吏。诚邸闻之,立传讯得白,遂留邸教习。当是时,

---

[1]〔清〕金门诏:《安徽休宁金氏族谱》,张廷玉乾隆元年《休宁金氏族谱序》,清乾隆十三年(1748)活字本,14a。

[2]〔清〕杨开第:《光绪重修华亭县志》卷一三《人物》,清光绪四年(1878)刊本,5a。

[3]〔清〕宋如林:《嘉庆松江府志》卷四八《选举表》,清嘉庆二十三年(1818)松江府学刻本,13a。

[4]〔清〕宋如林:《嘉庆松江府志》卷五九《古今人物传》,清嘉庆二十三年(1818)松江府学刻本,4a。

王总裁集成馆书局，延揽名流，游其门者通显可立致，而曰模守株且十载，确乎不拔，自处泊如也，王以此益重其为人"[1]。徐宁，"字学培……康熙五十六年举人，荐入史馆，与修《图书集成》，五十九年顺天乡试以纂修举人充同考官，雍正元年会试报罢，命进遗卷，钦赐二十四人登第"[2]。吕昌言，"瓜县人，由太学应诚亲王取与修《钦定古今图书集成》，又调武英殿修《骈字汇编》"[3]。马璞，"以荐预修《古今图书集成·闺媛典》"[4]。黄子云，"丙申间，陈省斋先生为古今图书集成馆总裁，闻野鸿名，招共纂修"[5]。唐方沂，"以名诸生游上庠，征修是书（《集成》），开卷以万计，馆中有疑难事，辄委之先生，故所成独多"[6]。

第二，召试。金门诏《全韵诗·怀三馆吟》有："圣

---

[1]〔清〕吴鏊：《乾隆博野县志》卷六《儒林》，清乾隆三十一年（1766）刻本，8b—9a。

[2]〔清〕杨开第：《光绪重修华亭县志》卷一三《人物》，清光绪四年（1878）刊本，23b。

[3]〔清〕何庆朝：《同治武宁县志》卷二二，清同治九年（1870）刻本，3a。

[4]〔清〕杨钟羲：《雪桥诗话余集》卷三，北京古籍出版社，1992，第174页。

[5]〔清〕黄子云：《长吟阁诗集》，萧抑序，清乾隆刻本，国家图书馆藏。

[6]〔清〕唐秉钧：《文房肆考图说》卷七《王鹤溪青藜余照集序》，清乾隆刻本，5a。

祖朝诏修《古今图书集成》,颁内府藏书数百万卷,开馆试士。"[1]康熙朝集成馆初次开馆时,很大一部分纂修人员确曾通过"试士"这种方式得以入馆。如王尊,"字符端,号瞻崖,青印坊人,康熙间由太学生考充武英殿集成馆纂修,博闻强记,至老不倦,美文辞,兼工画山水松石,笔力尤奇古。所著有《检字搜典》三百余卷,家贫未及付梓而卒,学者惜之"[2]。钱松,"字茂南,外冈人,好读书,弱冠为国子监生,随舅王敬铭入都,康熙五十六年顺天乡试卷列首荐,同考以不得抡元,固争见斥,由纂修《古今图书集成书》,书竣,议叙知县"[3]。毛涵,"先生名涵,养浩其字,本名弃疾,字又辛,后改今名。补诸生。七世祖金都御史某,前朝名臣。先生自幼能文章,怀禄养之志。尝游京师,值朝廷纂《古今图书集成》,以监生选充校雠职者六年"[4]。李灼,"甲

---

[1] 〔清〕金门诏:《全韵诗·怀三馆吟》,清乾隆七年(1742)刻本,国家图书馆藏,54a。
[2] 〔民国〕卢兴邦:《民国尤溪县志》卷七《人物》,民国十六年(1927)刊本,29b。
[3] 〔清〕王昶:《嘉庆直隶太仓州志》卷三一《人物》,清嘉庆七年(1802)刻本,12b。
[4] 〔清〕戴震:《东原文集》卷一二《养浩毛先生传》,黄山出版社,2008,第425页。

午应试北闱,丙申遴入内廷纂修《古今图书集成》"[1]。

第三,从翰林院调取。雍正元年正月二十七日蒋廷锡奏折中说,有鉴于清洗之后的集成馆纂修人员"将来去者或多,人数不敷,若再取贡监人员,臣等实无深知之人。此辈功名甚微,未必自重身家,恐致生事"[2],建议从翰林院咨取职衔较高的编检数员分领校对,但从雍正朝集成馆存留的60人情况看,只有少数几位是从翰林院调取的。总体而言,无论是康熙朝集成馆还是雍正朝集成馆,身份较为低微的举、贡生员始终是主要组成部分。

(二)集成馆纂修人员的分工

长期以来,限于资料,集成馆的组织结构一直隐晦不彰,诚如《集成》研究者詹惠媛所坦言的"由于集成馆组织之传世档案欠缺,此处谨利用有限资料勾稽

---

[1]〔清〕李灼:《至圣编年世纪》,清乾隆十六年(1751)自序,《四库全书存目丛书·史部》第81册,齐鲁书社,1996,第160页。

[2] 中国第一历史档案馆编:《雍正朝汉文朱批奏折汇编》第33册,江苏古籍出版社,1989,第585页。

集成馆组织之大致轮廓"[1]。笔者根据最新发掘的档案、文集等资料,期于推进集成馆组织架构的相关研究。

爬梳文献档案,集成馆纂修人员各有分工,具体职责也颇为不同。从管理人员设置看,有监修、总裁、副总裁、领袖纂修(康熙朝),而就纂修分工而言,又有分修、分校、刷印、绘图等。金门诏为集成馆"纂修领袖"[2],其《全韵诗·怀三馆吟》对当时的纂修情况言之甚详:"贤王司管钥,耆宿掌镕炉……大匠立绳准,群贤编牒蒲。分修咸跃跃,任纂各于于。选俊专誊缮,命工并绘图。"[3]这里的贤王即指监修允祉,耆宿指总裁陈梦雷,"分修""任纂""誊缮""绘图"则分别描述纂修人员的具体分工。当然,到了雍正朝,清洗后的集成馆人员设置又有了调整,与康熙朝集成馆截然不同。

---

[1] 詹惠媛:《〈古今图书集成·经籍典〉体制研究》,载潘美月、杜洁祥主编:《古典文献研究辑刊》八编,花木兰文化出版社,2009,第74页。
[2] 需要指出的是,金门诏在《全韵诗·怀三馆吟》中所自称的集成馆"纂修领袖",可能并非实指职务,只是用以说明其在集成馆中的地位重要,起到一种上传下达的作用。
[3] 〔清〕金门诏:《全韵诗·怀三馆吟》,清乾隆七年(1742)刻本,国家图书馆藏,54a。

第三章　古今图书集成馆的组织管理与纂修人员

为了更好地说明这一问题，笔者按照前文探讨集成馆纂修进度及其成效时的分类，将集成馆分为康熙朝和雍正朝两个阶段，分别述之。

康熙朝集成馆

监修允祉。允祉（1677—1732），康熙帝第三子。康熙三十五年，随康熙亲征噶尔丹，领镶红旗大营。三十七年三月，以征战功晋诚郡王。三十八年，因敏妃之丧不满百日而剃发，降贝勒。四十七年，揭发蒙古喇嘛汉格降为允禔用巫术魇胜废太子，使允礽得以复立，以功晋封亲王。不久，奉命在畅春园蒙养斋率庶吉士何国宗等编纂律吕、历法、算法各书。雍正即位后，以其与允礽素来亲睦，命守景陵。雍正六年六月，因索贿苏克济，命降郡王，交宗人府禁锢。八年，复晋封亲王。不久，以怡亲王允祥丧而无戚容，命夺爵，幽禁于景山永安亭。十年卒，照郡王例殡葬。乾隆二年，追谥"隐"。

由陈梦雷《启》可知，允祉是《汇编》的最初倡议者和主要推动者，当时陈梦雷就设想好由允祉向康熙帝进呈《汇编》，加以增补、修订成书。康熙五十五年，允祉向康熙帝进呈《汇编》，集成馆得以顺利开馆。康熙末年，允祉负责的修书馆颇多，"自诚亲王作总裁而开馆之名色遂多，曰算法，曰历法，曰六壬，曰奇门，曰子评，曰音律谱"[1]。允祉除了负责在蒙养斋纂修《律历渊源》外，也实际负责了《集成》的编纂工作，所谓"贤王司管钥"[2]，即指允祉任集成馆监修之事。如前所述，许多纂修人员是直接由诚亲王推荐而进入集成馆的，如金门诏："圣祖时纂修御书，生即膺首选，诚亲王以国士待之。初以明经选寿州广文，其时已中丁酉乡榜，生闻选即行，诚王重其才，留之，未赴任，既而为忌者中伤，罢归，公固恬如也。"[3] 吕昌言，"瓜县人，由太学应诚亲王取与修《钦定古今图书集成》，又调武英殿修《骈字汇编》"[4]。在时人看来，允祉是康熙朝集成馆的总负责人，身份特别，"命诚亲王领其事"[5]，"王

---

[1] 中国第一历史档案馆编：《雍正朝汉文朱批奏折汇编》第32册，江苏古籍出版社，1989，第32页。

[2] 〔清〕金门诏：《全韵诗·怀三馆吟》，清乾隆七年（1742）刻本，国家图书馆藏，54a。

[3] 〔清〕金门诏：《安徽休宁金氏族谱》，张廷玉乾隆元年《休宁金氏族谱序》，清乾隆十三年（1748）活字本，14a。

[4] 〔清〕何庆朝：《同治武宁县志》卷二二，清同治九年（1870）刻本，3a。

[5] 〔清〕萧奭：《永宪录》卷二，朱南铣点校，中华书局，1959，第83页。

第三章 古今图书集成馆的组织管理与纂修人员

总裁集成馆书局,延揽名流,游其门者通显可立致"[1],"诚亲王职任(集成馆)纂修,滥市恩赏,物议难逃"[2]。康熙五十八年四月,由允祉亲自上折奏请康熙帝待《集成》修成之日对集成馆纂修人员加倍议叙,也可以看出允祉实际负责了集成馆的纂修事宜。从康熙朝满文奏折看,允祉同时还负责了康熙帝相当重视的《律历渊源》的编纂、刻印工作,一身多任,既使得允祉更多地只是负责集成馆大政方针的制定和代为启奏等事宜,而将集成馆具体事务交由陈梦雷、金门诏等人处理,同时监修《集成》和《律历渊源》两部大书,也在客观上促成了《集成》与《律历渊源》使用同一套铜活字刊刻乃在情理之中。

总裁陈梦雷。截至目前,陈梦雷为集成馆总裁,几成共识,但细究起来,研究者找到的论据又多不充分,鲜少涉及陈梦雷任总裁始自何年和他的具体职责。根据相关史料,陈梦雷于康熙五十五年始任集成馆总裁,同时负责《集成》的纂修和铜活字刷印工作。兹

---

[1] 〔清〕吴鳌:《乾隆博野县志》卷六《儒林》,清乾隆三十一年(1766)刻本,9a。

[2] 中国第一历史档案馆编:《雍正朝汉文朱批奏折汇编》第32册,江苏古籍出版社,1989,第32页。

举重要例证，分别论之。

关于陈梦雷在集成馆中所任何职，雍正即位后因其获罪遭遣，二次流放，时人有所忌惮，闭口不谈，最后成书的《集成》也只署名蒋廷锡辑，以至于一段时期内学界误认为《集成》的编纂者就是蒋廷锡。康熙六十一年十二月雍正下诏清洗集成馆相关人员的谕旨中，径称"陈梦雷处所存《古今图书集成》"，绝口不提其在集成馆中任何职务。到了乾隆朝，陈梦雷主持集成馆之事渐为世人所知。乾隆四十八年二月二十一日军机处上谕档称："臣等遵旨将《古今图书集成》从前办理缘由询问蒋赐灿，据称幼时曾闻我父亲蒋溥说此书原系康熙间翰林陈梦雷等承办，经历岁时，尚未成书。"[1] 所谓承办云云，当指陈梦雷主持集成馆，官方档案如此记载，在讳言陈梦雷的当时，实属少见。作成于乾隆十七年的《永宪录》更是明言："复谪纂修《古今图书集成》总裁陈梦雷于戍所。"[2] 陈梦雷是否为集成馆总裁，康熙朝集成馆纂修人员的

---

[1] 中国第一历史档案馆藏军机处上谕档，乾隆四十八年（1783）二月二十一日第4条，盒号：687，册号：2。
[2] 〔清〕萧奭：《永宪录》卷二，朱南铣点校，中华书局，1959，第83页。

第三章 古今图书集成馆的组织管理与纂修人员

说法当最为可信。金门诏回忆集成馆时，提及："时亲王优拔为纂修领袖，凡朝贺接驾等事皆随总裁一同行走。总裁出关，遂放归。"[1] 这里的总裁显然是指陈梦雷。

陈梦雷何时任集成馆总裁？邓之诚认为无从查考，"其赐名《图书集成》，并开馆纂修，以梦雷为总裁，则不知何年，或即在进《汇编》之后不久也"[2]。乾隆四年盛百二在《历象本要》跋文中认为，集成馆开馆时，陈即为总裁，"陈公梦雷字省斋，自号松鹤老人。图书集成初开馆时，陈为总裁"[3]。黄子云曾得陈梦雷赏识，经由陈梦雷举荐入集成馆，萧翀序其《长吟阁诗集》云："丙申间，陈省斋先生为古今图书集成馆总裁。"[4] 可见，康熙五十五年集成馆开馆时，康熙帝即任命陈梦雷为集成馆总裁。

---

[1] 〔清〕金门诏：《全韵诗·怀三馆吟》，清乾隆七年（1742）刻本，国家图书馆藏，58b。
[2] 邓之诚：《五石斋小品》，北京出版社，1998，第341页。
[3] 〔清〕盛百二：《历象本要》跋文，《续修四库全书》第1040册，上海古籍出版社，2002，第105页。
[4] 〔清〕黄子云：《长吟阁诗集》，萧翀序，清乾隆刻本，国家图书馆藏。

关于陈梦雷在集成馆中的具体工作,金门诏说"开馆名英集,连鹿皇路驱。贤王司管钥,耆宿掌镕炉"[1],这里所谓的"耆宿掌镕炉",当意指陈梦雷实际负责《集成》的刷印工作。除此之外,陈氏还负责发凡起例,选拔纂修人员,上传下达,可谓殚精竭虑。可以说,从最初的《汇编》到《集成》的完稿、刊刻,陈梦雷都功不可没。黄子云《长吟阁诗集》卷一丙申《京师秋夜闽中陈馆卿梦雷宴馆中僚友因呈是诗》云:"席缀琅玕月,帘褰翡翠风。朝廷归一老,樽酒会群公。座列冠裾艳,文成意会雄。天涯逢胜友,去马莫匆匆。时在书馆与纂修《古今图书集成》。"[2]"朝廷归一老"虽是豪迈之言,但也反映了总裁陈梦雷得到朝廷的信任和重用,手握大权,士子钦服。从雍正惩治陈梦雷谕旨中所言"九卿等知陈梦雷者颇多"[3],也足见陈梦雷主持康熙朝集成馆之盛名。

---

[1] 〔清〕金门诏:《全韵诗·怀三馆吟》,清乾隆七年(1742)刻本,国家图书馆藏,54a。

[2] 〔清〕黄子云:《长吟阁诗集》卷一《京师秋夜闽中陈馆卿梦雷宴馆中僚友因呈是诗》,清乾隆刻本,国家图书馆藏,16a。

[3] 中国第一历史档案馆编:《雍正朝汉文谕旨汇编》第8册,广西师范大学出版社,1999,第212页。

副总裁顾承烈。顾承烈，又名沈承烈，生卒年不详，"字念扬，华亭籍，增贡生，康熙壬辰召试为内书房纂修官，戊戌成进士，选庶吉士，充古今图书集成馆副总裁。致仕后，隐居上沙因树亭（道光志）"[1]。可见，顾承烈是在康熙五十八年后任集成馆副总裁的。关于顾承烈生平，文献相关记载很少，除上述零星记载外，不知何故付诸阙如。康熙五十二年《万寿庆典初集》贺寿名单中有"算学馆沈承烈"之名，说明顾承烈入集成馆前参与过《数理精蕴》的编纂，最后从蒙养斋调入集成馆。而其在馆时间，虽然文献无载，但从雍正元年重新任命集成馆总裁、副总裁可知，顾承烈中途离馆了，离馆原因可能与陈梦雷之事有关，因而遭到黜革，归隐山林。

"领袖纂修"金门诏。金门诏（1673—1752）[2]，字轶东，号东山，江都（今江苏扬州）人。幼承家学，"但

---

[1]〔清〕李铭皖：《同治苏州府志》卷八八《人物十五》，清光绪九年（1883）刊本，35a。

[2] 关于金门诏的生卒年，学界有不同说法，其中也不乏舛误之处。借助金门诏所修《休宁金氏族谱》自述及《金东山文集》序等资料，可考订出金门诏生于康熙十二年（1673），卒于乾隆十七年（1752），享年80岁。

知读书，不治生产，性耿介，不受人怜"[1]，管一清乾隆九年序《全韵诗》谓金门诏"以名儒世其家，先曾祖岳元亮公文章理学为海内宗师，先祖岳幼常圣怜一公并配享圣庙，先生少承家学，负才名，缙绅长老交目为凡器。及甫出而应试，咸以国士遇之"[2]。康熙丁酉科举人，康熙末年与修《集成》，为纂修领袖，后受知于张伯行、张廷玉、鄂尔泰。雍正朝与修《明史》，著《明史·经籍志》及相关传。乾隆元年保举入博学宏词科，钦赐二甲三十八名进士，入翰林院，进三礼馆为纂修，后改任山西寿阳知县，被劾归。勤于治史，成就颇大。著有《补三史艺文志》1卷、《古今图书集成·经籍典》500卷、《明史·经籍志》（佚）[3]、《金东

---

[1] 〔清〕金门诏:《安徽休宁金氏族谱》卷二四，清乾隆十三年（1748）活字本，国家图书馆藏。

[2] 〔清〕金门诏:《全韵诗》卷首，管一清序，清乾隆七年（1742）刻本，国家图书馆藏。

[3] 王重民在《金门诏别传》中记载，金门诏雍正时在明史馆"又因焦竑旧志，增其未备，加以参考，更订叙录，为《明史·经籍志》"。原载《图书馆学季刊》1932年第8卷第1期，又载王重民:《冷庐文薮》，上海古籍出版社，1992，第217页。

山文集》12卷[1]、《全韵诗》2卷、《读史自娱》2卷、《休宁金氏族谱》20卷等。

金门诏是康熙朝集成馆中颇为重要的一位人物。他既是总裁陈梦雷的门生,同时也为监修允祉所器重。乾隆九年管一清序《全韵诗》云:"及奉圣祖诏开古今图书集成馆,招试辇下诸生,先生首拔。时亲王董其事,每得先生诗文,必朱笔亲品骘之,列第一人,同馆无不推服。既而得寿州广文则已中丁酉顺天乡试,先生请外就,亲王不许,曰:馆中可少此马、班手耶。"[2]时任保和殿大学士、吏户二部尚书的张廷玉也说:"圣祖时纂修御书(即《集成》),生即膺首选,诚亲王以国士待之。初以明经选寿州广文,其时已中丁酉乡榜,生闻选即行,诚王重其才,留之,未赴任,既而为忌

---

[1] 《金太史全集》(北大图书馆藏《金东山文集》7卷,清乾隆刻本)8种12卷,清乾隆四十一年(1776)刻本,北京大学图书馆藏。内分《明史经籍志·叙录》1卷,《明史传总论》1卷,《补三史艺文志》1卷,《读史自娱》2卷、《各体自著》5卷、《焚黄祝文》1卷、《江都乡贤录》1卷、《兰亭集诗》1卷。
[2] 〔清〕金门诏:《全韵诗》卷首,管一清序,清乾隆七年(1742)刻本,国家图书馆藏。

者中伤，罢归，公固恬如也。"[1] 张廷玉既为金门诏座师，又为雍正宠臣，曾受赐得到《古今图书集成》二部，熟知《集成》纂修内情，所言应相当可信。

关于金门诏在集成馆中的具体工作，金氏所著《全韵诗·怀三馆吟》有："时亲王优拔为纂修领袖，凡朝贺接驾等事，皆随总裁一同行走。总裁出关，遂放归。"[2] 可见，金门诏在集成馆中地位颇为重要，负责协助总裁处理"朝贺接驾"等日常行政事务。正如鄂尔泰在乾隆元年的《休宁金氏族谱序》中所提到的："圣祖诏修《古今图书集成》，一时名士食大官厨者数千指，总裁而下，董其成者数人，门诏推首。书成，不言禄，辄罢去。"[3] 这里的总裁即指陈梦雷，所谓"总裁而下，董其成者数人，门诏推首"，也足见金门诏对《集成》编纂功劳甚巨，显赫一时。

金门诏在集成馆中地位特殊，除了帮助陈梦雷

---

[1] 〔清〕金门诏：《安徽休宁金氏族谱》，张廷玉乾隆元年《休宁金氏族谱序》，清乾隆十三年（1748）活字本，14a。

[2] 〔清〕金门诏：《全韵诗·怀三馆吟》，清乾隆七年（1742）刻本，国家图书馆藏，58b。

[3] 〔清〕金门诏：《安徽休宁金氏族谱》，鄂尔泰乾隆元年《休宁金氏族谱序》，清乾隆十三年（1748）活字本，2a—2b。

第三章 古今图书集成馆的组织管理与纂修人员

处理日常纂修事务外,还实际参与了《集成》的分纂工作,最后独立撰成《经籍典》500卷。顾悙量乾隆四十一年丙申序《金东山文集》谓:"圣祖朝命大臣开馆辑《古今图书集成》,招试辇下诸生,先生首列,独纂经籍书凡五百卷,藏之册府,登之婉琰,以垂万世。"[1] 金门诏在《明史经籍志小序》中也自言:"圣祖朝集天下儒生修《古今图书集成》一万卷,令各分认一二百卷,门诏以经籍素所熟谙,遂独任《经籍典》五百卷,而以所增辽金元三史艺文志附入其中。"[2]

各典、部分纂人员。不少研究者认为,万卷《集成》的编纂是以陈梦雷《汇编》为底本,集成馆开馆后,在不触动《汇编》原有典部的基础上,增补少数资料而成,纂修人员的工作主要是增补、校对和刷印。实际上,《集成》虽然保留了《汇编》的三级类目体系,但其中各典、部基本上都经过了重新编辑,皆

---

[1] 〔清〕金门诏:《金东山文集》卷一,清乾隆四十一年(1776)刻本,北京大学图书馆藏。

[2] 〔清〕金门诏:《金东山文集》卷一,清乾隆四十一年(1776)刻本,北京大学图书馆藏。

由专人负责分纂,所谓"分修咸跃跃,任纂各于于"[1],"分门纂修,咸出自上裁,而总裁、分修诸臣亦一时之选,宜其卷帙之多而益善矣"[2]。杨钟羲《雪桥诗话三集》云:"康熙丙申开馆纂修《古今图书集成》,分六大部,区为三十六典,备员纂修者三十六人,人修一典,尽发内府书,互相考证,七载成书,凡一万卷五千本。"[3]杨氏所言虽说明了当时存在分纂情况,但"备员纂修者三十六人,人修一典"的说法却不尽确切。从实际情况看,并非36人各人负责纂修一典,有的分纂两典、有的分纂一典,甚至有的只是分纂其中的一部。金门诏所说的"各分认一二百卷"[4]最符合实际情况。

具体而言:(1)陈梦雷,总裁集成馆,并发凡

---

[1] 〔清〕金门诏:《全韵诗·怀三馆吟》,清乾隆七年(1742)刻本,国家图书馆藏,55a。
[2] 〔清〕唐秉钧:《文房肆考图说》卷七《王鹤溪青藜余照集序》,清乾隆刻本,5a。
[3] 〔民国〕杨钟羲:《雪桥诗话三集》卷四,民国吴兴刘氏刊本,57a。
[4] 〔清〕金门诏:《金东山文集》卷一《明史经籍志小序》,清雍正十年(1732)序,清乾隆四十一年(1776)刻本,北京大学图书馆藏。

起例[1]。(2)金门诏,分纂《经籍典》500卷。《全韵诗·怀三馆吟》有:"门诏任纂《经籍典》五百卷,分经史子集四部。"[2](3)杨绾,分纂《经济汇编·乐律典》136卷、《理学汇编·字学典》160卷。光绪《桐乡县志》卷一五载:"杨公绾,字自昆,号栗斋,濮院人……服阕入都,由监生考授州同,康熙五十五年充古今图书集成馆纂修,分纂乐律、字学两典,九年乃成,议叙知县,雍正四年授柏乡县,多惠政。"[3](4)马璞,分纂《明伦汇编·闺媛典》376卷。杨钟羲《雪桥诗话余集》卷三言:"长洲马璞授畴以荐预修《古今图书集成·闺媛典》,因屈悔翁得交塞晓亭侍郎,相知甚深为撰,晓亭诗钞序,又与陈散樗善、陈恪勤仲子树蓍读书为诸生,为方望溪所称。"[4](5)王中铭,分纂《理学汇编·学行典》300卷、《方舆汇编·职方典故》50卷。

---

[1] 〔清〕陈梦雷:《松鹤山房文集》卷二《进汇编启》,《续修四库全书》第1416册,上海古籍出版社,2002,第38—39页。

[2] 〔清〕金门诏:《全韵诗·怀三馆吟》,清乾隆七年(1742)刻本,国家图书馆藏,54a。

[3] 〔清〕严辰:《光绪桐乡县志》卷一五《人物下》,清光绪十三年(1887)刊本,40b—41a。

[4] 〔民国〕杨钟羲:《雪桥诗话余集》卷三,民国求恕斋丛书本,88a。

嘉庆十二年《石冈广福合志》卷二载:"国朝王中铭,字永思,号执斋,霖汝孙。由太学生充武英殿纂修,分纂《古今图书集成·理学汇编·学行典》三百卷、《方舆汇编·职方典故》五十卷。书成,授河南桐柏县知县。见《王氏谱》。"[1]《清代官员履历档案全编》亦载:"王中铭,江南太仓州嘉定县人,年五十三岁,监生考职州同,古今图书集成馆效力行走,书成,雍正四年议叙知县,今签掣河南南阳府桐柏县知县缺。"[2](按:《方舆汇编》中并无《职方典故》,疑为"职方典",如确,则王中铭实际分纂了《方舆汇编·职方典》1544卷。待考。)(6)王颖梁,分纂《经济汇编·戎政典·兵制部》80卷[3]。《清代官员履历档案全编》载:"王颖梁,江南松江府华亭县人,年五十七岁,由监生考职州同,在古今图书集成馆修书效力,行走九年六个月,议叙以

---

[1] 〔清〕萧鱼会、赵稷思:《石冈广福合志》卷二,上海社会科学院出版社,2003,第32页。

[2] 中国第一历史档案馆编:《清代官员履历档案全编》第11册,华东师范大学出版社,1997,第220页。

[3] 〔清〕陆锡熊等:《乾隆娄县志》卷一八,清乾隆五十三年(1788)刻本。

第三章 古今图书集成馆的组织管理与纂修人员

知县用。今挈得河南府登封县知县缺。"[1]

除此之外，文献中尚有多名人员负责集成馆分修、分纂工作的记载，如徐颖梁，"荐入图书集成馆分纂，登封知县"[2]。张绍懿，"荐入图书集成馆分纂，议叙知县"[3]。金应元，"荐入图书集成馆分纂，两淮运判"[4]。李旭，"李旦初旭，无为州人，作诗务尽刻苦，不留余力，书法奇崛，不得志于场屋，分修《古今图书集成》"[5]。唐方沂，"圣祖仁皇帝御宇，命儒臣校修《古今图书集成》……征修是书，开卷以万计，馆中有疑难事，辄委之先生，故所成独多"[6]。至于这些人员具体分修、分纂哪些典、部，限于资料，不得而知，有待新资料的进一步揭示。

---

[1] 中国第一历史档案馆编:《清代官员履历档案全编》第11册，华东师范大学出版社，1997，第462页。

[2] 〔清〕杨开第:《光绪重修华亭县志》卷一三《人物》，清光绪四年（1878）刊本，5a。

[3] 〔清〕宋如林:《嘉庆松江府志》卷四八，清嘉庆二十三年（1818）松江府学刻本，13a。

[4] 〔清〕宋如林:《嘉庆松江府志》卷四八，清嘉庆二十三年（1818）松江府学刻本，13a。

[5] 〔清〕查为仁:《莲坡诗话》卷中，清乾隆刻蔗塘外集本。

[6] 〔清〕唐秉钧:《文房肆考图说》卷七《王鹤溪青藜余照集序》，清乾隆刻本，5a。

表二：《古今图书集成》各典、部分纂情况表

姓名	分纂内容
陈梦雷	总裁，发凡起例 [1]
金门诏	领袖纂修，分纂《理学汇编·经籍典》500卷 [2]
杨绰	分纂《经济汇编·乐律典》136卷、《理学汇编·字学典》160卷 [3]
马璞	分纂《明伦汇编·闺媛典》376卷 [4]
王中铭	分纂《理学汇编·学行典》300卷、《方舆汇编·职方典故》50卷 [5]
王颖梁	分纂《经济汇编·戎政典·兵制部》80卷 [6]
总计	除去陈梦雷所纂卷数，其他各人所纂共计1602卷，约占全书万卷之16%；涉及7个典，约占全部32典之22%

校对、誊录等人员。康熙朝集成馆纂修人员中，除了部分负责分纂之外，还有负责誊录、校对和绘图工作的，所谓"选俊专誊缮，命工并绘图" [7]。如，毛涵，

[1] 〔清〕陈梦雷：《松鹤山房文集》卷二《进汇编启》，《续修四库全书》第1416册，上海古籍出版社，2002，第38—39页。

[2] 〔清〕金门诏：《全韵诗·怀三馆吟》，清乾隆七年（1742）刻本，国家图书馆藏，54a。

[3] 〔清〕严辰：《光绪桐乡县志》卷一五《人物下》，清光绪十三年（1887）刊本，40b—41a。

[4] 〔清〕史震林：《华阳散稿》卷上《记马寿畴》，上海杂志公司，1935，第800页。

[5] 〔清〕萧鱼会、赵稷思：《石冈广福合志》卷二，上海社会科学院出版社，2003，第32页。

[6] 〔清〕陆锡熊等：《乾隆娄县志》卷一八，清乾隆五十三年（1788）刻本。

[7] 〔清〕金门诏：《全韵诗·怀三馆吟》，清乾隆七年（1742）刻本，国家图书馆藏，55a。

"尝游京师，值朝廷纂《古今图书集成》，以监生选充校雠职者六年"[1]。张肯堂，"字明庭，号蓬客，一号恕斋，康熙戊戌以国学生充武英殿《古今图书集成》校对，庚子顺天举人"[2]。金筠，"一名以来，字翰周，一字瞻隶，号南山，以祖寄籍，康熙庚寅入嘉兴学，中式浙江辛卯科第八十名举人，考授内阁中书，拣选知县，取入内馆恭校《钦定古今图书集成》，议叙郎用"[3]。李旭，"本名庚，字旦初，无为人，诸生，工诗，充图书集成校阅，授蓟州判，改两淮盐知事"[4]。此外，李旭应该还同时负责集成馆的校阅和分修工作。

雍正朝集成馆

监修允禄。允禄（1695—1767），康熙帝第十六子，精数学，通乐律，承康熙帝指授，修《数理精蕴》。雍正元年三月，庄亲王博果铎卒而无子，奉命继嗣。乾隆元年，命总理事务，兼掌工部，食亲王双俸。二年，

---

[1] 〔清〕戴震：《东原文集》卷一二《养浩毛先生传》，黄山出版社，2008，第425页。
[2] 〔民国〕张家骐：《续修张氏族谱》，民国二十二年（1933）石印本，12a。
[3] 〔清〕金门诏：《安徽休宁金氏族谱》卷八，清乾隆十三年（1748）活字本。
[4] 〔清〕黄云：《光绪续修庐州府志》卷四五《文苑传》，清光绪十一年（1885）刊本，32a。

加封镇国公。寻坐事夺爵。四年，停双俸，罢都统。七年，管乐部。三十二年卒，谥"恪"。

康熙朝集成馆原设有监修、总裁和副总裁，雍正即位后重新开馆，集成馆的职官设置是否不变？一般认为，雍正朝集成馆没有监修，但内阁大库档案透露了一则重要信息，雍正元年一月二十七日刑部福建司为递解集成馆部分纂修人员之事，提到"刑部福建司为十六阿哥、蒋廷锡、陈邦彦启奏古今图书集成馆事宜"[1]。雍正元年正月初五日集成馆已经重新开馆，这里领衔负责集成馆事宜的是十六阿哥允禄，蒋廷锡、陈邦彦处于从属地位。笔者认为，如果与康熙朝集成馆职官对应，那么允禄很可能就是雍正朝集成馆的监修。允禄精数学，通乐律，曾参修《数理精蕴》，充算法馆总裁、玉牒馆总裁。派亲信之亲王监督清洗后的集成馆以稳定人心，也符合情理。当然，允禄的参与度远不及康熙朝集成馆监修允祉，他应该只是挂名领衔。

总裁蒋廷锡。蒋廷锡（1669—1732），江苏常熟人。字扬孙，一字酉君，号南沙、西谷，又号青桐居士。

---

[1] 台湾"中研院"历史语言研究所藏内阁大库档案《刑部送来元年上谕事件档》，档案号：290994-004。

第三章 古今图书集成馆的组织管理与纂修人员

康熙三十八年举人,四十二年赐二甲进士,选庶吉士,授编修。四十九年修《渊鉴类函》,五十年任《佩文韵府》纂修兼校勘官,五十四年任《御纂周易折中》南书房校对,五十五年任《万寿盛典初集》总裁官。五十六年擢内阁学士,六十年充经筵讲官,六十一年任《分类字锦》校勘官。雍正元年迁礼部侍郎。雍正六年拜文华殿大学士,仍兼理户部事。次年加太子太傅。雍正十年卒于任内,谥"文肃"。著有《青桐轩秋风集》《片云集》。

以往很多目录书径将《集成》著录为"蒋廷锡编辑"或"蒋廷锡重辑"。这么做虽不符合史实,但《集成》的编纂成书确也有蒋廷锡的功劳,他在雍正朝集成馆任总裁之职。雍正元年正月初五日,雍正正式任命内阁学士蒋廷锡为集成馆总裁,其谕旨称:"《古今图书集成》,皇考费数十年心力方成是书,今刷印校对之工尚有未完,特派尔为总裁,陈邦彦为副总裁。尔等务期竭心尽力,将通部重行校看,凡讹错字句及有应删应添之处,必逐一改正,以成皇考之书。钦此。"[1]乾隆帝曾想了解《集成》的编纂情况,为此询问过蒋廷

---

[1] 中国第一历史档案馆编:《雍正朝汉文朱批奏折汇编》第33册,江苏古籍出版社,1989,第562页。

锡的孙子,乾隆四十八年二月二十一日军机处上谕档有:

> 臣等遵旨将《古今图书集成》从前办理缘由询问蒋赐灿,据称幼时曾闻我父亲蒋溥说此书原系康熙间翰林陈梦雷等承办,经历岁时,尚未成书,雍正元年特派故祖蒋廷锡董司其事,督率在馆诸臣重加编校,于雍正三年告成。四年蒙恩赏给一部。等语。谨奏。[1]

《集成》虽并非蒋廷锡创编,但雍正让其主持集成馆工作,足见雍正对他的信任和重用。雍正还曾赐诗给蒋廷锡,说他是"立政资良佐宣猷"[2]之大才。实际上,蒋廷锡也一直参与了内府的修书工作,特别是康熙末年参与了《渊鉴类函》《佩文韵府》《分类字锦》等大型类书的编纂工作,应该说他是雍正朝集成馆总裁的不二人选。如《重修常昭合志》称:"(蒋廷锡)内值时

---

[1] 中国第一历史档案馆藏军机处上谕档,乾隆四十八年(1783)二月二十一日第4条,盒号:687,册号:2。
[2] 〔清〕允禄:《世宗宪皇帝御制文集》卷二八,《文渊阁四库全书》第1300册,上海古籍出版社,1987。

编纂群书，并付勘校，博学精敏，同辈推让，常参厘从备顾问。凡诸巨典，谙练掌故，参考经集，议上都称旨。"[1] 蒋廷锡擅长花鸟，曾画过《塞外花卉》70种。集成馆纂修人员杨祖祥就曾师法蒋廷锡，因此他对《草木典》《禽虫典》《岁功典》等都了然于心。

副总裁陈邦彦。陈邦彦（1678—1752），字世南，号春晖，一作春晖老人，又号匏庐，浙江海宁人。康熙四十一年举人，四十二年癸未科进士。选庶吉士，散馆授编修。入直南书房，升侍讲，四十九年编《渊鉴类函》《佩文韵府》，五十二年任《御选唐诗》校勘兼缮写官。五十三年四月以侍讲充日讲起居注官。五十五年修《御定月令辑要》，六十一年任《分类字锦》校勘官。后官礼部侍郎。著有《墨庄小稿》《春驹小谱》《春晖堂集》等。

乾隆十五年三月初六日陈邦彦"题陈不职请赐罢斥"题本中，所提履历就包括任"古今图书集成馆副总裁"[2]。《浙江海宁渤海陈氏宗谱》卷二五载："第十一世少宗伯匏庐公。公讳邦彦，字世南，号匏庐……戊戌岁

---

[1] 常熟市地方志编纂委员会编：《重修常昭合志·人物志》，上海社会科学院出版社，2002，第1411页。

[2] 台湾"中研院"历史语言研究所藏内阁大库档案，档案号：031840-001。

以侍读学士丁内艰服阕，补原官，恭遇宪庙登极，奉旨与虞山蒋文肃公为图书集成馆总裁，悉心搜订，称美备焉。"[1] 虞山蒋文肃公即集成馆总裁蒋廷锡，而陈邦彦即为副总裁，族谱强调的是二人通力协作，悉心搜订，所编《集成》"称美备焉"，功不可没。事实上，陈邦彦与蒋廷锡确有相似之处，二人都曾在康熙末年参与数部官修类书的编纂，应该说他们经验丰富，完全符合雍正帝下旨令九卿推选集成馆负责人时所提出的"学问渊通"标准。

校阅、刷印等人员。雍正元年正月二十七日，雍正朝集成馆总裁蒋廷锡奏陈60名纂修人员的分工。其中，车松、图麒总任分书、收书登记之事，李锡秦等20人为校阅兼续纂之员，高俊飞等12人为专任校阅之员，金筼等14人为磨对、刷印之员，俞养直等10人为收查卷页号数、校对补改之员，徐宁、关寿2人为查理一应校对书籍之员[2]。应该说，雍正朝集成馆分工尚属精细，确保了纂修工作的质量。值得注意

---

[1] 〔清〕陈赓笙纂：《浙江海宁渤海陈氏宗谱》卷二五，清光绪十七年（1891）刻本。

[2] 中国第一历史档案馆编：《雍正朝汉文朱批奏折汇编》第33册，江苏古籍出版社，1989，第569页。

第三章 古今图书集成馆的组织管理与纂修人员

是，大部分纂修人员负责《集成》的纂修和校补工作，而其中金筠等 14 人则为磨对、刷印之员，也就是负责《集成》的铜活字刷印工作。或有疑问，乾隆时四库全书馆，纂修工作和刷印工作是分开的，即由翰林院和武英殿分别负责[1]，按照常理，集成馆修书人员应该只负责《集成》的纂修工作，而铜活字刷印工作则由武英殿修书处招募工匠来完成。笔者认为，康熙朝集成馆开馆较早，修书制度尚未完善，有其自身的特殊性，不能依据乾隆朝四库全书馆的情况倒推认为集成馆的情况也应一致。从档案资料看，集成馆总裁陈梦雷实际负责了铜活字的制作和刷印，而集成馆的部分纂修人员也参与了刷印工作。蒋廷锡奏折还称："一面将未刷之书，令在馆人员详细校对、刷印，一面将已刷之书，令在馆人员分卷重校"[2]，"每人二日限定校书一卷,及校看、刷印、排版、收发书籍，从无迟误"[3]。可见，雍正朝集成馆修书人员中也有负责铜活字刷印工作的。

---

[1] 参见张升：《四库全书馆研究》,北京师范大学出版社,2012,第 42 页。
[2] 中国第一历史档案馆编：《雍正朝汉文朱批奏折汇编》第 33 册，江苏古籍出版社，1989，第 562—563 页。
[3] 中国第一历史档案馆编：《雍正朝汉文朱批奏折汇编》第 33 册，江苏古籍出版社，1989，第 569 页。

表三：康、雍两朝集成馆纂修人员职掌分工表 [1]

康熙朝集成馆（1716—1722）	
职掌	人员及分工
监修	诚亲王允祉
总裁	陈梦雷
副总裁	顾承烈
"领袖纂修"	金门诏
分编、分纂、校对等[2]	杨绾（分纂）、马墣（分纂）、王中铭（分纂）、王颖梁（分纂）、张绍懿（分纂）、李旭（分修、校阅）、金应元（分纂）、徐颖梁（分纂）、张肯堂（校对、誊录）、金试、朱文昭（校书）、毛涵（校书）、黄子云、程可式、沈青崖、徐曰模、刘克一、吕昌言、刘国杰、黄云鸿、徐宁、钱松、唐方沂、陈经合、鲁一佐、林佶、林在峨、林在衡、陈圣恩、陈圣眷、陈梦鹏、陈圣瑞、陈圣策、周昌言、汪汉倬、林镡、方侨、郑宽、许本植、李莱、杨昌言、杨祖祥、金笃、唐朝镇、刘庶、曹钰、王尊、续缙、车松、图麒、李锡秦、高俊飞、俞养直、关寿、郭如岐、许元基、胡淦、禅他海、莫之鹗、孟尚霖、韩绣英、赵之枢、舒德、邓杰、锡管、章文礼、章文乐、梁廷椿、李映晀、朱文玑、孔庆云、曹廷基、许弘健、方正志、杨尚琮、汪百川、李灼、邹弘业、鲁玦、麦拉素、法可进、富岱、钱志修、叶钧、张复祖、方世清、冯士弘、鋾鑰、黄钟相、于廷凤、史书、王泽永、朱象萃[3]等95人以上

---

[1] 本表主要以雍正四年吏部尚书孙柱议叙折公布的纂修人员名单（载《清代吏治史料·官员管理史料》第18册，线装书局，2004，第10707—10712页），并结合相关史料，制作而成。

[2] 据蒋廷锡奏折所言，存留80人当属雍正元年的情况，康熙开馆情况更为复杂，其中在馆时间最长的为9年6个月，其次为9年5个月，其余有8年、7年、6年、4年、3年不等。入馆时间不一，在馆时间有长有短，也有因事（调任、黜革、休致）提前离馆者。据笔者统计，康熙、雍正年间先后入馆的人员计90余人，康熙时实际人数与80人当有所出入。

[3] 台湾"中研院"历史语言研究所藏康熙五十九年内阁大库档案《翰林院为查对武英殿等处所送生监人数》，档案号：164047-001。

续表

雍正朝集成馆（1723—1725）	
职掌分工	人员及分工
总裁	蒋廷锡
副总裁	陈邦彦
分编、分校共计60人[1]	李锡秦等20员校阅、续纂，高俊飞等12员专任校阅，金筠等14员磨对、刷印，俞养直等10员收查卷页号数、校对补改，徐宁、关寿2员查理一应校对书籍，车松、图麒总任分书、收书登记之事

三、纂修人员的议叙

清代内府修书，书成之日，纂修人员例有议叙。康熙五十一年六月初九日档案载：

> 去年十月内，为议叙编纂《佩文韵府》人员，将记录人名、履历一书奏呈御览，奉旨：著交揆叙议奏。尔所查记录勤惰一文亦交付之。……交与揆叙，由翰林院议奏：勤者加一级即行录用，凡惰者暂免议叙、交另修书处效力，任绩平、

---

[1] 此60人名单根据雍正四年吏部尚书孙柱奏折一一可考，值得注意的是，这60人，大部分为康熙集成馆所存留人员，少量为雍正时补入，与康熙时多有重复，故只说明职掌，概不一一列举。

> 常候、补州同之监生潘秉钧等数人,皆照内官学教习之例,凡满六年者,即补知县,年未满者,交另修书处效力,待年满时,即补知县。[1]

康熙五十一年,《佩文韵府》告成后,其议叙修书人员之例,交由翰林院核查勤惰及行走年份,修书年满六年者官知县,不足六年者调往其他修书馆继续修书,年满后方得议叙。可见,康熙末年,已经建立起了一套较为完备的修书议叙机制。当然,若修书成绩较好,经皇帝亲批,修书人员加倍议叙也偶有所见。正如翰林院检讨何人龙向雍正帝所汇报的:"迨康熙六十年算法书成,奏请加等议叙,内而员外、主事,外而知府、知州,不一而足。"[2]密折中所谓"算法"即《数理精蕴》一书,该书告成后,从员外、主事到知府、知州,修书人员当时即得超规格优叙,纷纷得以升迁,不同于一般馆例。

《集成》于康熙五十八年基本编纂完成,监修允祉原本也是准备仿照议叙《数理精蕴》之例,对集成馆纂修人

---

[1] 翁连溪编:《清内府刻书档案史料汇编》上册,广陵书社,2007,第25页。
[2] 中国第一历史档案馆编:《雍正朝汉文朱批奏折汇编》第32册,江苏古籍出版社,1989,第32页。

第三章　古今图书集成馆的组织管理与纂修人员

员加倍议叙："康熙五十八年四月，诚亲王折奏，古今图书集成馆纂校人员经署包衣昂邦事海张等议奏，有'书完之日比寻常修书之人加等分议'等语"。[1] 遗憾的是，随着康熙帝驾崩、雍正即位，允祉的这一提议遭到了翰林院检讨何人龙等人的非议——谓其为"名器滥觞，孰甚于此"[2]。

雍正元年正月二十七日《内阁学士蒋廷锡等奏陈办理古今图书集成情形并编校人员去留折》，除提出惩治集成馆总裁陈梦雷十余人外，还提出将来书成之日议叙纂校人员，以激励他们：

> 存六十四人，臣等就所分校之书察其勘对勤惰、学问优劣。若果校对用心、行走勤谨，书完之日臣等列名具奏请旨；倘有怠忽懒惰者，即时驱逐，或有生事作非者，臣等指名题参黜革。庶勤谨者益加勉励，怠忽者亦知儆惧矣。[3]

---

[1] 中国第一历史档案馆编：《雍正朝汉文朱批奏折汇编》第33册，江苏古籍出版社，1989，第569页。

[2] 中国第一历史档案馆编：《雍正朝汉文朱批奏折汇编》第32册，江苏古籍出版社，1989，第32页。

[3] 中国第一历史档案馆编：《雍正朝汉文朱批奏折汇编》第33册，江苏古籍出版社，1989，第563页。

雍正三年十二月，首部《集成》装潢进呈，集成馆随之闭馆。集成馆总裁蒋廷锡对当年允祉倡议的加倍议叙提出质疑，并奏请照各馆之例议叙集成馆编校人员：

> 窃思当时所议实为太过，不便援引。又，此诸人有分纂、分校之殊，行走年分，有十年至四五年不等，未可概论。谨将六十人分别实在纂校行走年分及内有已经补选与现在告假者，详细开列另单呈览。可否照各馆修书之例，交翰林院量加议叙。出自皇上天恩，非臣等所敢擅拟。内程可式、徐曰模系黜革举人，因其在馆九年有余，臣等亦开列附于纂校诸人之后，合并声明。为此谨奏。请旨。[1]

蒋廷锡的建议，自然深得雍正之心，雍正对此的朱批是："著照各馆例，分别议叙具奏。"等于是否决了允祉康熙五十八年加倍议叙的提议，而按照修书各馆之例议叙。

关于议叙的具体情况，鄂容安所编《襄勤伯鄂

---

[1] 中国第一历史档案馆编：《雍正朝汉文朱批奏折汇编》第33册，江苏古籍出版社，1989，第569—570页。

第三章　古今图书集成馆的组织管理与纂修人员

文端公年谱》有："钦赐《古今图书集成》一万二千卷。……纂修六年书成,复增三年告竣,议叙官数十人员,费帑资百万余两。"[1]这里所谓"议叙官数十人员"的说法较为含糊。雍正四年六月初一日吏部尚书孙柱"请准议叙古今图书集成馆纂校人员"奏折,极为详尽地描述了纂修人员的议叙情况,可惜为以往的研究者所忽略,兹披露如下:

> 经筵讲官吏部尚书兼理兵部尚书事加三级臣孙柱等谨题为请旨事。准翰林院具题咨称,据古今图是集成馆总裁蒋廷锡等咨称雍正元年正月二十七日臣廷锡等奏古今图书集成馆修书人员存留六十人,就所分校之书察其勘对勤惰学问优劣,若果校对用心,行走勤谨,书完之日列名具奏。请旨奉旨依议,钦遵在案。今雍正三年十二月纂校已竣,其纂校人员皆令其出馆,谨将六十人分别实在纂校行走年分详细开列,另单呈览。可否照各馆修书之例,交翰林院量加议叙。出自皇上

---

[1] 〔清〕鄂容安等:《襄勤伯鄂文端公年谱》,载中国社会科学院历史研究所清史研究室编:《清史资料》第2辑,中华书局,1981,第99页。

天恩，非臣等所敢擅拟等因，于雍正三年十二月二十七日具奏。本日奉朱批谕旨：著照各馆分别议叙具奏，钦此。钦遵，并纂校人员行走年分名单一并咨送到臣衙门。臣等查得各馆修书议叙之例，俱以六年为期满，其已满六年者照例议叙，其未满六年者，仍分派别馆效力，俟六年期满，再行议叙。在案。今查满洲生禅他海行走四年六个月，监生候选州同莫之鹗、生员捐知州即用孟尚霖、生员韩绣英、监生捐州同金试，俱行走三年二个月，皆与六年期满议叙之例不符，相应照例分派别馆效力，俟六年期满，照例议叙外，进士徐宁、郭如岐系应用知县之员，以知县即用，再加一级。举人赵之枢、刘国杰、刘克一、张绍懿、金筠、李锡秦俱系考选拣选知，相应以知县即用，沈青崖系考选教习，相应俟教习期满以知县即用，满洲举人舒德以应用七品京职之缺即用贡生，候选州同陈经合相应以知县用，候选州判邓杰相应以州判即用，监生候选州同王中铭、王颖梁、锡秦、刘庶、鲁一佐、钱松、曹钰、章文礼、朱文昭、章文乐相应照例以知县用，候选县丞梁廷椿、

第三章 古今图书集成馆的组织管理与纂修人员

李映晄、朱文玑、候选主簿孔庆云相应以应用之职即用,监生许元基、曹廷基俟其考职以所考职即用,廪生许弘健、方正志、杨尚琮相应以训导用,生员俞养直、汪百川、李灼、邹弘业、鲁瑛、续缙、胡淦俟其考职以所考之职即用,满洲生员麦拉素、法可进、富岱相应照伊应用无品笔帖式即用,童生钱志修、叶钧、张复祖、马墣、方世清、黄钟相应准为监生,现任刑部主事图麒、现任都察院笔帖式关寿、现任州判高俊飞、现任训导冯士弘、现任工部笔帖式鉤鑰相应于见任内各二级,原任满洲检讨车松康熙五十四年御试翰林等官,考在三等,奉旨原品休致在案,应降一等,以各部主事用,革黜举人程可式、徐日模因科场代作文字革黜举人,应无庸议等因,于雍正四年四月初三日具奏请旨。本日奉旨依议,钦此。钦遵。……雍正四年五月二十九日题,六月初一日奉旨依议。[1]

---

[1] 《清代吏治史料·官员管理史料》第18册,线装书局,2004,第10707—10712页。

以上所引议叙折颇为重要，不仅提供了康、雍两朝集成馆相对完整的纂修人员名单和个人履历，大大方便查考集成馆纂修人员的身份、在馆时间，而且也是考察雍正朝议叙集成馆纂修人员的珍贵史料。从议叙情况看，吏部基本上是援引修书各馆议叙之例（如康熙五十八年翰林院议叙《月令辑要》《韵府拾遗》，雍正四年二月吏部议叙一统志馆修书人员之例），根据集成馆纂修人员的在馆时间，分别给予知县、州判、训导、各部主事加级等议叙，并无特殊优待之处，与允祉提出的方案相比，明显降低了议叙的标准。

四、纂修人员的构成特点

为方便讨论，笔者编制了康熙朝集成馆部分纂修人员履历表。

表四：康熙朝集成馆部分纂修人员履历表（入馆时间可考者）

姓名	生卒年	字、号	籍贯	入馆时间	入馆时身份	在馆时间
允祉（监修）	1677—1732			康熙五十五年（1716）	亲王	6年

第三章 古今图书集成馆的组织管理与纂修人员

续表

姓名	生卒年	字、号	籍贯	入馆时间	入馆时身份	在馆时间
陈梦雷（总裁）	1650—？	字则震，一字省斋	福建闽县人	康熙五十五年（1716）	进士、翰林院庶吉士	6年
顾承烈（副总裁）	不详	字念扬，号砚耕	江南长洲人，华亭籍	康熙五十七年（1718）	进士、翰林院庶吉士	4年
金门诏（领袖纂修）	1673—1752	字轶东，号东山	江苏江都人	康熙五十七年（1718）	举人	4年
杨绾	1674—？	字自昆，号栗斋	浙江嘉兴府秀水县人	康熙五十五年（1716）	国子监生、州同	9年5个月
马墣	不详	字授畴，号卮园	江苏长洲人	康熙五十七年（1718）	布衣	7年
王中铭	1676—？	字永思，号执斋	江南太仓州嘉定县人	康熙五十五年（1716）	监生、州同	不详
黄子云	1691—1754	字士龙，号野鸿	江苏昆山人	康熙五十五年（1716）	布衣	3年

续表

姓名	生卒年	字、号	籍贯	入馆时间	入馆时身份	在馆时间
程可式	1691—?	字松村	直隶顺天府香河县人	康熙五十五年（1716）	举人	9年有余
沈青崖	1691—?	字艮思，号寓舟	浙江嘉兴府秀水县人	康熙五十五年（1716）	举人	9年有余
徐曰模	1685—1762	字范兹	保定府博野县人	康熙五十五年（1716）	举人	9年有余
刘克一	1689—1740	字今衡	保定府博野县人	康熙五十五年（1716）	举人	9年有余
吕昌言	不详	字雨文	江西武宁县瓜源人	康熙五十五年（1716）	太学生	9年有余
王颖梁	1672—?	字怀英	江南松江府华亭县人	康熙五十五年（1716）	监生、州同	9年6个月
刘国杰	1681—?	不详	河南卫辉府滑县人	康熙五十五年（1716）	副榜贡生	9年6个月

第三章　古今图书集成馆的组织管理与纂修人员

续表

姓名	生卒年	字、号	籍贯	入馆时间	入馆时身份	在馆时间
黄云鸿	不详	字仪云	浙江遂安人	康熙五十五年（1716）	内廷教习	不详
徐宁	1687—？	字学培	江南松江府上海县人	康熙五十六年（1717）	举人	8年
钱松	1688—？	字茂南	江南太仓州嘉定县人	康熙五十六年（1717）	监生、州同	8年
唐方沂	？—1722	字抡三	江南松江府上海县人	康熙五十六年（1717）	增监生	5年
陈经合	不详	字大纶	广东陆丰县人	康熙五十六年（1717）	例贡	8年
鲁一佐	1678—？	不详	正红旗汉军人	康熙五十七年（1718）	附生	7年7个月
张肯堂	不详	字明庭，号蓬客	山西盂县人	康熙五十七年（1718）	国学生	7年

续表

姓名	生卒年	字、号	籍贯	入馆时间	入馆时身份	在馆时间
金试	1698—?	不详	江南严州府休宁县人	康熙五十八年（1719）	捐贡生、州同	6年
朱文昭	1700—?	不详	顺天府大兴县人	康熙五十八年（1719）	由监生捐纳州同	6年
毛涵	不详	字养浩	江苏武进人	康熙五十八年（1719）	监生	6年
章文礼	不详	不详	浙江绍兴府会稽县人	康熙五十八年（1719）	监生、候选州同	6年

分析以上表格，可以得出：

1. 纂修人员有一定的流动性。从表格中可以看出，集成馆纂修人员并非一步到位，人员入馆、离馆时间不一，开馆期间既有增补也有裁撤，应对该流动性予以动态考察[1]。就康熙朝集成馆而言，在入馆时间可查

---

[1] 修书人员的这种动态变化在修书各馆中普遍存在，张升在研究四库全书馆时已经注意到了这一点："我们考察四库馆时，既要看到其静态的一面，又要注意其动态的一面。"（参见张升：《四库全书馆研究》，北京师范大学出版社，2012，第343页）

第三章　古今图书集成馆的组织管理与纂修人员

的26人中,康熙五十五年(1716)入馆13人,康熙五十六年(1717)入馆4人,康熙五十七年(1718)入馆5人,康熙五十八年(1719)入馆4人。在馆时间最长的为9年6个月,其次为9年5个月,其余的8年、7年、6年、4年、3年不等。雍正元年蒋廷锡奏报集成馆去留人员奏折,提到集成馆存留80人,这80人应该只是当时存留的人员。实际情况是康熙朝集成馆前后在馆人员近百人,不少纂修人员因委派别地等原因已经中途离馆。雍正即位后,清洗了10余名集成馆纂修人员,又从翰林院调拨数人充实其中,最后在馆60人。从这60人的入馆时间看,"监生候选州同莫之鹗、生员捐知州即用孟尚霖、生员韩绣英、监生捐州同金试,俱行走三年二个月"[1],他们都是雍正时才入集成馆。有出有入,也可算作集成馆纂修人员的二次流动。

2.纂修人员以年轻的举、贡生为主。历代官修大型类书,执事者多为当时精英、达官显吏。明代编纂《永乐大典》,前后预事者达两三千人,其中不乏名士、

---

[1]《清代吏治史料·官员管理史料》第18册,线装书局,2004,第10707—10712页。

大儒及官宦显达者。康熙末年纂修的《渊鉴类函》，其卷首所列职名表中，总裁官为文华殿大学士兼礼部尚书张英、内阁学士兼礼部侍郎张榕端等，分纂官、校勘官、收掌官也多为各部侍郎、内阁学士、翰林院检讨、翰林院侍读、詹事府少詹事等。应该说，纂修人员总体而言职位较高，以翰林院选派的人员为主。通过考察集成馆纂修人员的身份，我们发现，除了总裁陈梦雷曾中进士、授翰林院编修（后获罪被剥夺），副总裁顾承烈为进士、授翰林院庶吉士外，其余绝大部分纂修人员都是身份较为低微的举、贡生员。雍正四年六月初一日吏部尚书孙柱"请准议叙古今图书集成馆纂校人员"奏折所列的近百位纂修人员也基本上以生员为主。

编纂《集成》这样一部卷帙浩繁的官修类书，一般而言，主事者会组织当世硕儒或朝廷要员参加，以确保编纂质量不至于低下、典籍内容的政治路线不至于走偏。但实际上，集成馆纂修人员多是身份低微的生员，这在官修类书史上可以说是极为罕见。笔者认为，此局面与总裁陈梦雷的职权以及当时的政治形势密切相关。其一，《集成》的雏形——《汇编》乃是由

第三章　古今图书集成馆的组织管理与纂修人员

陈梦雷编纂，对于怎样添补，他本人了然于心，《汇编》成书后，陈梦雷提出的建议只是"广聚别本书籍，合精力少年，分部雠校，使字画不至舛讹，缮写进呈"[1]，在陈氏看来，《集成》初稿其实早已完成，而开馆修补工作相对容易，"精力少年"就足以承担校对、编纂的任务。从集成馆人员选拔的自主权看，陈梦雷获得了康熙帝和允祉的极大信任，所谓"朝廷归一老"。资料所见，许多纂修人员都是陈梦雷亲自选拔推荐入馆的，因此他可以按照自己的想法录用集成馆纂修人员，而免受官方的太多牵掣。陈氏看重的是真才实学，如黄子云，虽是布衣，却以诗闻名，陈氏便召其入馆。再如金门诏，诚亲王每得其诗文，"必朱笔亲品骘之，列第一人，同馆无不推服"[2]。其二，《集成》作为类书，是一种资料汇编，本非学术著作，生员具备一定的文化素养，即可胜任编纂工作，按部就班地完成分纂任务。

此外，集成馆纂修人员多为陈梦雷亲信，这也是

---

[1]〔清〕陈梦雷：《松鹤山房文集》卷二《启四》，《续修四库全书》第1416册，上海古籍出版社，第38—39页。

[2]〔清〕金门诏：《全韵诗》，管一清乾隆九年（1744）序，清乾隆七年（1742）刻本，国家图书馆藏。

一个突出特点。雍正元年（1723）正月二十七日蒋廷锡奏折就曾透露，集成馆修书人员80人皆为陈梦雷所取，其中就有陈梦雷子陈圣恩、陈圣眷，弟陈梦鹏，侄陈圣瑞、陈圣策。招募的术士周昌言，门生汪汉倬、金门诏，福建人林镡、方侨、郑宽、许本植[1]，即是何人龙奏折中所谓"伊子弟戚属"，集成馆乃陈梦雷帮助诚亲王招纳人才的大本营。陈梦雷负责编纂《集成》虽有公心，却也难掩其个人意图——招募亲戚子侄、门生故吏以及较多的晚生后学入馆，便于组织管理的同时，也为他日后培养心腹创造了便利条件。正因为如此，雍正元年蒋廷锡奏折才有"此辈功名甚微，未必自重身家，恐致生事，请于翰林院咨取编检数员分领校对"。

3. 就知识结构而言，集成馆纂修人员多为术业有专攻者。他们虽然身份低微，甚至不少为布衣，但多属专业人才，具有较高的学养。如林在峨曾收集藏砚铭词400余首写成《砚史》，金门诏因著有《补三史艺文志》而名垂青史。笔者将部分纂修人员的著述列入

---

[1]《内阁学士蒋廷锡等奏陈办理古今图书集成情形并编校人员去留折》，载中国第一历史档案馆编：《雍正朝汉文朱批奏折汇编》第33册，江苏古籍出版社，1989，第585页。

第三章 古今图书集成馆的组织管理与纂修人员

下表,对于他们的学养,一望便知。

表五:部分纂修人员著述一览表

姓名	著述
陈梦雷	《周易浅述》8卷《松鹤山房诗文集》16卷《天一道人集》100卷
顾承烈	《经解》、《史纂》、《诗文稿》30卷
金门诏	《补三史艺文志》《明史·经籍志》《全韵诗》《金东山文集》
杨绾	《栗斋滕稿》2卷
马墣	《卮园诗集》
王中铭	《延晖轩吟稿》
徐颖梁	《二田书屋诗稿》
黄子云	《野鸿诗稿》、《长吟阁诗集》8卷
程可式	《来山堂文钞》1卷、《诗钞》8卷
沈青崖	《寓舟诗集》《陕西通志》
唐方沂	《青藜余照集》《惘惘集》
鲁一佐	《鄂县重续志》5卷
林佶	《朴学斋诗文集》《焦山古鼎》《甘泉宫瓦诗》
林在峨	《陶舫集》《砚史》
杨昌言	《梧冈诗文集》
杨祖祥	《胆庵诗草》《趋庭小草》《鲍村集》
王尊	《检字搜典》300余卷
李旭(本名庚)	《北战游草》1卷、《西征略纪》1卷
金应元	《种书圃诗文集》《启麟堂医方》

前文较为全面地揭示了集成馆的管理机制和纂修人员分工情况，除此之外，仍有若干问题值得我们关注。首先，从集成馆实际运作情况看，纂修人员是动态流动的，每人入馆、出馆时间不一，人员数量一直处在变化之中。这一现象在古代史馆中十分常见。

其次，集成馆的兴废也直接影响到了纂修人员的个人命运。康熙朝集成馆开馆时，能入馆与修《集成》，对举、贡生员身份的纂修人员而言，是莫大的机遇和荣耀。所谓"王总裁集成馆书局，延揽名流，游其门者通显可立致"[1]，入馆意味着得到有望继承皇位的亲王允祉和大儒陈梦雷的赏识，从此可以平步青云，改变人生命运。黄子云就是当时的获益者，《长吟阁诗集》中保留了他在康熙五十五年初入集成馆时的一篇诗文："图书编校动经年，千里辞家觅俸钱。海内岂无容我地，春来徒有困人天。风尘糊口原如此，草野成名亦偶然。长铗腰悬返初服，故山高卧薜萝烟。"[2]

---

[1]〔清〕吴鏊:《乾隆博野县志》卷六《儒林》，清乾隆三十一年（1766）刻本，9a。

[2]〔清〕黄子云:《长吟阁诗集》卷一《书馆述怀》，清乾隆刻本，国家图书馆藏。

第三章 古今图书集成馆的组织管理与纂修人员

在黄氏看来,集成馆俨然成为他"草野成名"的福地,因而发出"海内岂无容我地"的感叹。

不少纂修人员入馆后,得以饱读内府藏书,从中获益不小。他们在馆期间或闲暇时摘录资料,自著为书,或将族人事迹载入《集成》以显耀门楣。[1]如唐方沂,"于编纂之余,撰笔记十卷,名曰《青藜余照集》。……今先生之以青藜名其书也,意其在馆之时夜以继日,专精覃思,安知霄汉之表不有太乙"[2]。李灼,"预修《古今图书集成》,得纵观中秘藏书,于公事之暇,辄详考至圣之言行与历代之崇儒,越今廿有余年,积而成帙"[3],最后编成《至圣编年世纪》,成一家之言。

就在《集成》即将完成,允祉提议加倍议叙,修书人员加官进爵指日可待之时,康熙驾崩,雍正即位,形势突变。雍正帝下令清洗康熙朝部分纂修人员,总裁陈梦雷被二次流放,他在集成馆中的亲戚子侄均遭

---

[1] 〔清〕金门诏:《安徽休宁金氏族谱》卷三五,清乾隆十三年(1748)活字本,国家图书馆藏。

[2] 〔清〕唐秉钧:《文房肆考图说》卷七《王鹤溪青藜余照集序》,清乾隆刻本,5a。

[3] 〔清〕李灼:《至圣编年世纪》,清乾隆十六年(1751)自序,《四库全书存目丛书·史部》第81册,齐鲁书社,1996,第160页。

到不同程度的惩治,而作为集成馆领袖纂修的金门诏也因卷入太深而遭黜革。《全韵诗·怀三馆吟》生动描述了这种大逆转:"皇皇将嫁女,栗栗怀妊嫡。短薄齐长狄,陇官杂孟娵。慎遴冀北骏,珍比玉山鸡。朝贺随驾立,迎銮傍雁趋。方沂附凤翼,旋泣攀龙须。悲矣胡为者,归与命也夫。"[1] 无奈之下,金氏只能将此归结为命运。雍正元年受陈梦雷案牵连而"降调革杖禁锢有差"者中,林佶有《癸卯罢官出都宿盘石庵》诗二首,描述了他获罪之突然及惊魂未定的心情:"银铛才释放归田,愿携鸡豚共上天。那意更遭严谴逐,顿令尽室播颠连。儿孙分析休官顷,行李仓皇去国先。暂借云栖留信宿,惊魂尚悸敢安眠。"[2] 集成馆监修允祉本人的遭遇也颇为坎坷。雍正八年五月二十四日奉旨:"将允祉革去亲王,其如何拘禁之处,候朕另降谕旨。"[3] 允祉遂被拘禁于景山永安亭。雍正十年闰五月,

---

[1] 〔清〕金门诏:《全韵诗·怀三馆吟》,清乾隆七年(1742)刻本,国家图书馆藏,58b。
[2] 〔清〕林佶:《朴学斋诗稿》卷七,《四库全书存目丛书·集部》第262册,齐鲁书社,1997,第88页。
[3] 《清世宗实录》卷九四,雍正八年五月辛卯条,中华书局,1985,第266页。

第三章 古今图书集成馆的组织管理与纂修人员

病逝于禁所。雍正帝命"一切殡葬之礼,著照郡王例行,赏内库银五千两,料理丧事"[1]。乾隆二年他才被追谥"隐",复原封诚郡王。可以说,集成馆的兴废直接改变了许多纂修人员的命运,幸运的议叙升官,得以遍览内府藏书,著书立说,不幸的则遭贬谪或被发配戍边,这无疑成为中国古代修书与政治发生纠葛的一个缩影。

---

[1]《清世宗实录》卷一一九,雍正十年闰五月甲辰条,中华书局,1985,第580页。

第四章 铜字馆与《古今图书集成》的刊刻

一、集成馆与铜字馆

梳理文献记载,清代内府铜活字制作于康熙末年,目的是刷印万卷的《古今图书集成》。乾隆帝称:"康熙年间编纂《古今图书集成》,刻铜字为活版,排印蒇工,贮之武英殿。"[1]《国朝宫史续编》也提到:"我朝康熙年间御纂《古今图书集成》,爰创铜字版式,事半

---

[1] 〔清〕弘历:《御制诗四集》卷二二《题武英殿聚珍版十韵有序》,清乾隆三十八年(1773)武英殿刻本。

第四章 铜字馆与《古今图书集成》的刊刻

功倍，允堪模范千秋。"[1]但这些文献记载所述语焉不详，不知何据，仍不足以确证内府铜活字制作乃是为了刷印《古今图书集成》。幸运的是，笔者找到了解开这一谜团的关键性档案。雍正元年（1723），翰林院检讨何人龙给雍正帝上了一道密折，披露了不少重要史实：

> 纂修之议叙过滥，不可不重名器也。开馆修书乃先帝生知好古，命儒臣搜辑，复加睿虑亲裁，然后文章焕然。……自诚亲王作总裁而开馆之名色遂多，曰算法，曰历法，曰六壬，曰奇门，曰子评，曰音律谱。每馆取纂修若干人，实皆门客，陈梦雷教之收纳人才耳。一时奔竞之徒藉为仕宦捷径，纷纷干进谄媚。诚亲王代为启奏，今日求钱粮，明日求衣，又明日求屋。在先帝急欲书成，悉如其请，靡费帑金，岁每数万。……自奔竞之术行，而陈梦雷始现身设法，极巧穷工，歆动先帝，奏称集成有万卷，书请开铜字馆，印刷进呈。

---

[1]〔清〕庆桂等:《国朝宫史续编》卷九四，北京古籍出版社，1994，第915页。

每岁销耗钱粮十倍诸馆之数,中饱过半,罪已当诛。复招逆臣杨文言之子与伊子弟戚属共主馆事,互相援引,匪类日增,渐为内患。恭遇我皇上登级,圣神英武,首诛大恶,窜伊父子,逐伊党类,铜字一馆不复藏垢纳污,人心痛快。至于诚亲王职任纂修,滥市恩赏,物议难逃。[1]

清代翰林院之制,翰林参与内府修书,何人龙[2]在翰林院供职长达九年,又曾在国史馆行走,熟稔内府修书典故,所言自当可信。何人龙密折中所称"集成"即是康熙下令敕编之《古今图书集成》。密折同时透露了一则重要信息,即陈梦雷奏称《集成》有万卷之多,书请开铜字馆,印刷进呈。陈梦雷的这一提议得到了康熙帝的允准,铜字馆最终得以开设,负责《集

---

[1] 原题《翰林院检讨何人龙奏陈泽旺纳款宜设重镇兵屯以固封守及修书议叙宜严甄别不得滥除州县折》,原折无年月,依据具奏者何人龙职务变化推断得出(何人龙原为翰林院检讨,雍正元年十月引见,奉旨以部郎用)。见中国第一历史档案馆编:《雍正朝汉文朱批奏折汇编》第32册,江苏古籍出版社,1989,第31—33页。

[2] 何人龙,江西建昌府广昌县人,康熙五十二年(1713)恩科进士,授翰林院检讨,食俸九年,在国史馆行走。雍正元年(1723)十月引见,奉旨以部郎用。

第四章 铜字馆与《古今图书集成》的刊刻

成》的刷印等事宜。

铜字馆与集成馆同为《集成》的办理机构,二者是何种关系?雍正元年,蒋廷锡接替陈梦雷任集成馆总裁,在其奏陈中提及集成馆的纂修情况:

> 其修书人员陈梦雷所取八十人,今除陈圣恩、陈圣眷已经发遣,周昌言现在缉拿,汪汉倬、金门诏已经黜革。其陈梦雷之弟陈梦鹏,侄陈圣瑞、陈圣策,应驱逐回籍。林镡、方侨、郑宽、许本植四人皆福建人,系陈梦雷之亲,林在衡、林在峨二人系已革中书林佶之子,亦应驱逐。[1]

这里列举的十余名集成馆纂修人员,多为陈梦雷的亲戚子侄,与何人龙奏折中所谓"伊子弟戚属"指代一致。在何人龙的奏折中,陈梦雷之弟陈梦鹏,侄陈圣瑞、陈圣策等人,被指与陈梦雷共主铜字馆,而在蒋廷锡的奏折中,他们则是集成馆的修书人员。很

---

[1] 《内阁学士蒋廷锡等奏陈办理古今图书集成情形并编校人员去留折》,载中国第一历史档案馆编:《雍正朝汉文朱批奏折汇编》第33册,江苏古籍出版社,1989,第585页。

明显,铜字馆与集成馆应意指同一地点。称集成馆为铜字馆,显然也与其制作铜活字、刷印《集成》的职能有关。

如前所述,铜字馆是集成馆之别名,在文献档案中,又往往被称为"铜板馆"或"武英殿铜板馆"。康熙五十九年(1720),内阁档案《翰林院为查对武英殿等处所送生监人数》就提到了"武英殿铜板馆"。

> 康熙五十九年十月十八日,内阁交出学士蒋廷锡、励廷仪所交武英殿铜板馆、算法馆交与翰林院转各处所送人数查明,再交与顺天府。除国子监学院处所送生、监外,将各处所送人数照伊档案对明查看写送。查此事交与礼部转交。等语。咨查各处去后,翰林院本衙门咨送贡生高衡一人,武英殿修书处咨送监生王宸俊等五人,修算书处咨送七品官朱崧等十八人,纂修子史精华馆咨送贡生王(香奇)等五人,纂修明史馆咨送生员黄公禾等十人。以上俱与顺天府原册相符。查得钦定古今图书集成馆送部册内,汉贡监生员共五十八名,及取顺天府原册查对,系六十二名,名数不符。

第四章 铜字馆与《古今图书集成》的刊刻

逐名细查,多送四人。于廷凤、史书、王泽永三人已经中式,朱象萃一人不曾中式。[1]

此则档案将"武英殿铜板馆"和"钦定古今图书集成馆"并举,说明二者名称不同,实则同指一地。这也就清楚地表明,铜字馆所在地是武英殿。从修书人员的文献记载看,前引何人龙奏折所称"逆臣杨文言之子"即杨祖祥,曾入"武英殿铜板馆"。《国朝画征录》云:"杨祖祥,字充闾,江苏武进人。康熙间以监生在武英殿铜板馆纂修《古今图书集成》。善画花卉,傅色妍静,折枝小幅尤佳。"[2]《续纂淮关统志》卷一三云:"刘庶,字允众,板闸镇人,食饩顺天,工诗字。充铜板馆纂修《古今图书集成》,议叙授直隶商州洛南知县。"[3] 又,雍正六年(1728)署理江苏巡抚尹继善奏称:"查车松系镶白旗满洲原任翰林院检讨,后在铜板馆行走,好交接闲游。"[4] 而据蒋廷锡奏折,车松在遭

---

[1] 台湾"中研院"历史语言研究所藏康熙五十九年内阁大库档案《翰林院为查对武英殿等处所送生监人数》,档案号:164047-001。
[2] 〔清〕张庚:《国朝画征录》,上海人民美术出版社,1963,第98页。
[3] 〔清〕马麟:《续纂淮关统志》卷一三,清乾隆刻,嘉庆、光绪间递修本。
[4] 《世宗宪皇帝朱批谕旨》卷二二三,清乾隆三年(1738)朱墨套印本。

雍正帝清洗后重新开馆的集成馆中"总任分书收书登记之事"[1]，尹继善所称车松"在铜板馆行走"即指其曾在集成馆负责编纂《集成》和铜活字的制作、刷印等工作。《四库全书总目·经部·易》收有陈梦雷所著《周易浅述》八卷，书目下有陈氏传记一则："梦雷字省斋，闽县人。……官翰林院编修，缘事谪戍，后蒙恩召还，校正铜板。复缘事谪戍，卒于戍所。"[2] 显然，所谓"校正铜板"，即何人龙所密告的陈梦雷在"铜字馆"负责监造、校看铜活字，刷印《集成》之事。四库馆臣距陈梦雷的时代不远，陈梦雷在"铜字馆"监造铜活字，用铜活字摆印《集成》，已是时人所熟知的一个史实。

陈梦雷在康熙四十五年（1706）《启》中就设想好《汇编》将来能"发付梓人刊刻"[3]。康熙五十五年

---

[1]《户部左侍郎蒋廷锡等奏昭各馆之例议叙古今图书集成编纂校对人员折》，载中国第一历史档案馆编：《雍正朝汉文朱批奏折汇编》第33册，江苏古籍出版社，1989，第592页。

[2]〔清〕永瑢等编：《四库全书总目提要·经部·易》卷六，《文渊阁四库全书》本。

[3]〔清〕陈梦雷：《松鹤山房文集》卷二《启四》，《续修四库全书》第1416册，上海古籍出版社，2002，第38—39页。

第四章　铜字馆与《古今图书集成》的刊刻

（1716），经陈梦雷奏请，康熙帝恩准开铜字馆（即集成馆），并令陈组织力量制作铜活字刷印《集成》。雍正元年（1723）正月二十七日蒋廷锡、陈邦彦奏折中有"查康熙五十九年（1720）奉先帝谕旨，《古今图书集成》刷印六十部"[1]之语，康熙帝既对印刷的数量作出具体指示，说明其时铜活字制作、刷印纸张诸事都已准备停当，只待刷印。康熙五十九年（1720）至六十一年（1722），陈梦雷等人的工作就是排版刷印《集成》。雍正即位后，任蒋廷锡为总裁，命他率领60名馆员继续未竟工作，"将已刷过之书，每人先各分校十卷。一卷之中，必有十余页错误应改印者。是虽名为将完之书，其未完之工实有十分之四也。臣等一面将未刷之书，令在馆人员详细校对、刷印，一面将已刷之书，令在馆人员分卷重校，臣廷锡、臣邦彦再加总阅，务期改正无误，仰副皇上命臣等至意。"[2]

---

[1] 《内阁学士蒋廷锡等奏陈办理古今图书集成情形并编校人员去留折》，载中国第一历史档案馆编：《雍正朝汉文朱批奏折汇编》第33册，江苏古籍出版社，1989，第585页。

[2] 《内阁学士蒋廷锡等奏陈办理古今图书集成情形并编校人员去留折》，载中国第一历史档案馆编：《雍正朝汉文朱批奏折汇编》第33册，江苏古籍出版社，1989，第585页。

对于蒋廷锡提出的"改印"方案,雍正在朱批谕旨中明确表示:"改印者不必,恐有后论。将已成好之书改坏,大有所关,如必有不可处,亦当声闻于众而行。"因此,蒋廷锡等人除了继续刷印"未刷者三百七十九卷"外,将精力主要放在对文字的审核校改上,"督率在馆诸臣重加编校,穷朝夕之力,阅三载之勤。凡厘定三千余卷,增删数十万言"[1]。对于个别错字,采用挖去错字,再用原铜活字钤盖补上新字的方式[2]。至雍正三年(1725)十二月,"纂校已竣,除进呈本已装潢外,尚有六十三部现在折配,俟完日交与武英殿收管,其纂校人员皆令其出馆"[3]。至此,第一部《集成》已用铜活字刷印完毕,装潢进呈,其余《集成》尚在折配之中。至雍正六年,"共印六十四部及样书

---

[1] 铜活字版《古今图书集成》雍正御制序文,雍正四年(1726)九月二十日。

[2] 辛德勇:《书林剩话》,《书品》1999年第5期,第58页。

[3] 《户部左侍郎蒋廷锡等奏昭各馆之例议叙古今图书集成编纂校对人员折》,载中国第一历史档案馆编:《雍正朝汉文朱批奏折汇编》第33册,江苏古籍出版社,1989,第592页。

一部"[1]。在康熙五十五年（1716）至雍正六年（1728）长达十余年的时间里，内府成功制作了大量铜活字并用它们完成了对《集成》的刷印，这一史无前例的浩大工程得以告竣。

二、《古今图书集成》铜活字的制作与刊印

清代内府铜活字是中国活字印刷史上的经典论题，但由于文献档案及实物资料的缺失，目前学界对此论题仍聚讼不已，成为一桩重要的学术公案。关于《集成》铜活字的数量，清代学者包世臣认为有"数百十万个"[2]，也就是上百万个；麦高文认为是"二十三万个"；法国儒连认为是"二十五万个"；[3] 翁

---

[1] 《内务府奏清查武英殿修书处余书请将监造司库等官员议处折》，乾隆四十一年（1776）四月十八日，载《史料旬刊》第14期，又载袁同礼：《关于图书集成之文献》，《图书馆学季刊》1932年第6卷第3期，第403—452页。

[2] 〔清〕包世臣：《安吴论书》，咫进斋丛书第2集，清光绪九年（1883）刻本。

[3] 麦高文、儒连的说法参见英国翟斯理《钦定古今图书集成索引》导言，1911年伦敦出版。转引自张秀民：《清代的铜活字》，载《张秀民印刷史论文集》，印刷工业出版社，1988，第252页。

连溪认为:"如按每人每月工银3两5钱计算,刻铜字人每天要刻5个铜活字,按每月30天算,共刻字150个,25万铜活字由50人镌刻要用近3年的时间,这以当时清内府的财力、人力是完全可以办到的。"[1] 很明显,他估测的数字也是25万左右。潘吉星推断铜活字数量为100万—200万个[2],接近于包世臣所说的数字;曹红军对此持不同意见,认为对内府铜活字数量的估算,要从汉语规律和汉文书籍的实际情形出发,"清内府铜活字的数量在20万左右比较合理,100万至200万个恐怕离实际情形太远了"[3]。从以上各种说法可以看出,学界对铜活字数量的推断,虽然有23万、25万、100万等不同说法,但都缺乏可以论证其合理性的档案和实物资料。正如潘吉星所言,儒连所说的"二十五万",很可能是根据"乾隆时刊《武英殿聚珍

---

[1] 翁连溪:《谈清代内府的铜活字印书》,《故宫博物院院刊》2003年第3期,第82页。

[2] 潘吉星:《中国金属活字印刷技术史》,辽宁科学技术出版社,2001,第93—103页。

[3] 曹红军:《〈古今图书集成〉版本研究》,《故宫博物院院刊》2007年第3期,第65页。

第四章 铜字馆与《古今图书集成》的刊刻

版丛书》用25.3万个木活字而估计的"。[1]

《集成》铜活字的制作方法也是学界论争有年的问题。现有文献中存在两种截然不同的说法。龚显曾《亦园脞牍》云:"康熙中武英殿活字板范铜为之"[2]。清人吴长元《宸垣识略》云:"武英殿活字板向系铜铸,为印《古今图书集成》而设。"[3] 另据包世臣云:"康熙中,内府铸精铜活字数百十万,排印书籍。"[4] 与"铸造说"相反,乾隆帝称康熙年间编纂《集成》,"刻铜字为活版,排印葳工,贮之武英殿"[5]。所述内府铜活字是逐个镌刻的。据《钦定大清会典事例》记载:"武英殿库作专司铜字、铜盘及摆列等事,雇摆字人,每月每人工银三两五钱,刻铜字人,每字工银二分五厘。"[6] 言"刻

---

[1] 潘吉星:《中国金属活字印刷技术史》,辽宁科学技术出版社,2001,第95页。

[2] 〔清〕龚显曾:《亦园脞牍》卷一,清光绪四年(1878)诵芬堂木活字本。

[3] 〔清〕吴长元:《宸垣识略》,北京古籍出版社,1981,第55页。

[4] 〔清〕包世臣:《安吴论书》,咫进斋丛书第2集,清光绪九年(1883)刻本。

[5] 〔清〕弘历:《御制诗四集》卷二二《题武英殿聚珍版十韵有序》,清乾隆三十八年(1773)武英殿刻本。

[6] 〔清〕昆冈等纂:《钦定大清会典事例》卷一一九九,清光绪二十五年(1899)石印本。

铜字人"而不言"铸铜字人",显然也指明内府铜活字系镌刻。文献记载的殊异和模糊,引起后世中外学者对内府铜活字制作方法的持续争论。如张秀民、卢秀菊、翁连溪、曹红军等均主张内府铜活字是镌刻而成的,潘吉星[1]等则认为是铸造而成。

内府为刷印《集成》而制作的铜活字到底有多少?铜活字系铸造还是镌刻?笔者找到了可以解开这些谜团的关键档案。乾隆十八年(1753)六月十四日内务府慎刑司参奏将管理武英殿御书处官永忠等治罪,此案件涉及内府铜活字的诸多重要史实。为了方便说明,兹披露如下:

> 查武英殿奏销档内有雍正十一年奏明,贮库有字铜子一百一万五千四百三十三个,无字铜子十八万八千四百四个。后经乾隆九年奏交铸炉处时,永忠、郑三格只将有字铜子一百一万五千四百三十三个奏交铸炉处,其无字

---

[1] 潘吉星:《中国金属活字印刷技术史》,辽宁科学技术出版社,2001,第93—103页。

第四章 铜字馆与《古今图书集成》的刊刻

铜子十八万八千四百四个并未入奏。[1]……据永忠供,乾隆九年查奏武英殿铜字时,原任员外郎郑三格他原是管铜字作的人,著他清查得铜字馆交来铜字一百一万五千余个,何玉柱抄家的铜字十八万八千零。他告诉我说,铜字收贮日久,历年盘查摆用遗失的狠,有若要全交时,诚恐数目不敷,无的赔补。不如将何玉柱抄家的留下,以备补救。我又平素闻得铜字有遗失的,是以听了他的话,只将铜字馆交来的一百一万五千余个铜字回和亲王奏了,交铸炉处收讫。及至盘交后,见其余大小铜字仍有十八万余个,遗失者不多,不敢将留下的缘故回禀和亲王,是以称说是早年抄家的遗漏未载,王爷可以留用。和亲王说既是

---

[1] 此与另外一份内务府奏销档案对有字铜子和无字铜子的数量描述有所出入:"据革退库掌崔毓奇供称,此项铜字原系姚文彬经管,我于乾隆六年派管铜字库,我接收之时,大小铜字共一百一万五千四百三十三个,大小铜盘七百个,饰件、条线重九百八十觔,连字大秤秤得二万九千八百觔有零,又有何玉柱家交来铜子三十万八千五百二十个,重七千五百觔。于乾隆九年十一月原任员外郎、原任监造郑三格向我说,按档查对,数目相符,并不短少。"见中国第一历史档案馆藏内务府奏销档,乾隆十八年(1753)五月二十九日庄亲王奏参武英殿官员滥行开销余平银事,卷号:05-0128,档号:05-0128-046。

余出来的,你们送往府里来罢。将十八万余个铜字我同姚文彬送了一次,同郑三格送了一次,两次送完了。此事实系我同郑三格办的,但郑三格业已身故,我如何敢推诿呢。这就是我该死,有何辩处。所供是实。……据崔毓奇供,我原是武英殿库掌,于乾隆六年间派管铜字库,于乾隆九年冬月据员外郎永忠、监造郑三格叫我速查铜字数目,要交造佛处。即照档查明,向永忠、郑三格报明。永忠、郑三格恐数目有差,郑三格要了档子去,照数查看,数目不少。永忠、郑三格派我送到经史馆,永忠、郑三格亲收。是实。后档子房笔帖式常宁叫我在档子上画交完的押,我不敢画押。我原接的铜字档一小本即回禀永忠、郑三格:此档交存何处?永忠、郑三格叫交档案房常宁,我即交常宁收了。除此别情,我实不知。所供是实。等语。据常宁供,我原先当笔帖式时,于乾隆十年间库掌崔毓奇曾将铜字档子一本交给与我,我随即收在档子房,后监造郑三格亲身到档子房来,将档子要去,我后来向他要过几次,他因循着并未曾给回与我,后年久了我也就忘记

第四章 铜字馆与《古今图书集成》的刊刻

了。是实。……据永忠供，此项铜子原是我同郑三格商议要隐匿下送给和亲王，为的是讨和亲王喜欢，以为我等升迁之阶。这是真情，我等并无侵欺分用。况平素和亲王要刷印书籍以及要几个官匠役家里作活，遇着官物料不足，我等还自办理，送给和亲王。这铜子我们如何肯留下呢，这原是我们的本意，求详情就明白了。等语。[1]

武英殿曾设铜字库，管理铜活字，该内务府档案详细记载了乾隆年间派管铜字作的武英殿员外郎永忠、库掌崔毓奇等人的供词。据《钦定大清会典事例》载："铜字库库掌一员，拜唐阿二名，专司铜字、铜盘及摆列等事。……乾隆九年奏准将铜字库所贮铜字、铜盘交该处销毁，所有该库库掌、拜唐阿仍留本处分派各作行走。"[2]核诸前引档案，所言不虚。

笔者认为，此内务府档案价值极大，加以分析，

---

[1] 中国第一历史档案馆藏内务府档案，乾隆十八年（1753）六月十四日奏为将管理武英御书处官永忠等治罪事，卷号：05-0128，档案号：05-0128-070。
[2] 〔清〕昆冈等纂：《大清会典事例》卷一一九九，清光绪二十五年（1899）石印本。

可以得到如下几则重要信息：

第一，就现有的清代官方档案而言，该档案最先揭示出内府制作铜活字的具体数量。根据武英殿奏销档，雍正十一年（1733），铜字库接到武英殿"铜字馆"移交来的大小有字铜子"一百一万五千四百三十三个"，以及从太监何玉柱抄家所得无字铜子"十八万八千四百四个"。乾隆九年（1744），铜字库管理人员按铜字档复查时，"数目不少"。这次的核查结果表明，铜字库所贮百余万有字铜子，与雍正十一年（1733）相比，丝毫没有丢失，而"十八万余"的无字铜子也"遗失者不多"。郑三格所谓"铜字收贮日久，历年盘查摆用遗失的狠，有若要全交时，诚恐数目不敷，无的赔补。不如将何玉柱抄家的留下，以备补救"云云，乃系"永忠同郑三格商议不行尽数奏明，要送与和亲王"，其中多有隐晦。铜活字大量丢失的说法，显系郑三格等人的捏造，并非事实。"一百一万五千四百三十三个"铜活字间接证明了包世臣所说的"数百十万个"[1]有一定的依据。

---

[1] 〔清〕包世臣：《安吴论书》，咫进斋丛书第2集，清光绪九年（1883）刻本。

第二,该档案详细说明了内府铜活字的保存情况和去向。乾隆九年(1744)和亲王弘昼奏请将内府铜活字交给铸炉处(即库掌崔毓奇所称"造佛处"),得到乾隆帝的允准,但在具体执行过程中,掌管铜字库的永忠、郑三格却只将有字铜子"一百一万五千四百三十三个"如数奏交铸炉处,而无字铜子"十八万八千四百四个"并未入奏。永忠同郑三格商议"称说是早年抄家的遗漏未载",并私下送给了和亲王弘昼,以讨好弘昼,作为他们的升迁之阶。

第三,档案显示,清代内府曾有记载铜活字情况的铜字档。乾隆九年,武英殿监造郑三格等人为了掩盖他们隐匿铜活字送给和亲王的劣迹,到档子房来将档子要去,因循不给。后郑三格身故,致使铜字库珍贵的铜活字档案下落不明,最后不知所终,实为中国活字印刷史上无法弥补的巨大损失。

尤其值得我们注意的是,档案首次揭示,铜子分有字和无字两种,武英殿铜字库既贮存有"一百余万"的有字铜子,也有"十八万余"的无字铜子,铜字库所贮无字铜子系从何玉柱抄家所得。何玉柱为康熙第九子允禟的心腹太监,他曾借允禟之权势大肆敛聚财产，雍正帝就曾称"允祹之太监何玉柱，一至微至贱之人，而使有家赀数十万"[1]。康熙六十一年（1722）十二月，雍正帝下令籍没何玉柱的家产，将何玉柱"发往三姓，与穷披甲人为奴"[2]。何玉柱身份低微，并无财力自行制作大量铜子。笔者推断，何玉柱可能是内府铜字馆制作铜活字的参与人员，其家所得无字铜子系从内府铜字馆流出。

北京大学辛德勇教授对金属活字的制作方式有过精辟论断，他认为：

> 活字印刷的书版，则是由直接接触纸张的活字"字钉"（古人称作"印"或"字印"）与承放这些字钉的"版片"（古人或称"字盔"、"字盘"）两大部分组合而成……所有金属活字的字钉，事实上都需要铸造，不然只能用钢锯来锯，两相比较，后者显然远比前者困难，还是铸造要更为合理。问题是字钉上面的字，究竟是用刀刻制，还是与

---

[1]《清世宗实录》，雍正元年（1723）二月庚申条，中华书局，1985，第98页。

[2]〔清〕萧奭：《永宪录》卷一，中华书局，1959，第63页。

第四章 铜字馆与《古今图书集成》的刊刻

字钉一同铸出。……清雍正年间内府用以印制《古今图书集成》的铜活字,乾隆皇帝称之为"刻铜字为活板排印",而同时人吴长元却记述说此"活字板向系铜铸",这同样应当是一指刻字,一指铸造字钉。[1]

辛德勇教授的这一观点极具启发性。据前引内务府铜活字档案及《钦定大清会典事例》,铜字库存有大量的大小铜子和一定数量的铜盘,铜子应是辛教授所说的直接接触纸张的活字"字钉",而铜盘则是用以承放这些字钉的"版片"。大量有字铜子和无字铜子的并出,无疑为探索清代内府铜活字制作方法提供了关键信息。这一现象存在两种解释。第一种解释是,这可能表明内府在制作铜活字的过程中制作了大量的备用铜子,可随时增补不敷所用的铜活字,以保证刷印进度,同时也表明内府铜活字的制作,很可能是先铸造无字铜子,再在无字铜子上刻字。这与朝鲜铸造铜活字的工艺明显不同,内府铜活字的制作先后有铸造和

---

[1] 辛德勇:《论所谓明铜活字印书于史初无征验——附论明代的金属活字印本》,《燕京学报》2007年第2期(新23期),第9、28页。

镌刻两道工序，独具一格，特点鲜明。如果这一结论成立，也就解答了为什么文献记载中清代内府铜活字有铸造和镌刻两种不同的说法。揆诸史实，这两种说法并不矛盾，而是对铜活字不同制作阶段的描画。当然，大量无字铜子的出现，还存在另外一种解释，即可能用来填充空白文字，形成空格。但是由于档案本身记载的模糊性，无论是作为备用铜子还是用来填充空格，都有待新材料的进一步佐证。

军机处档案乾隆二十三年（1758）四月初八日奏议中说"《古今图书集成》字板业经销毁改用"[1]。据此档案可知，这批被销毁的铜活字就是刷印《集成》的字板。铜活字刷印的《集成》有大、小两号字，字体用横轻直重的标准方体宋字。据专家测量，正文用大字，约1厘米见方，注文用小字，约为大字之一半，即为0.5厘米[2]。《集成》半页9行，行20字，小字双行，行20字。全书共1万卷、1.6亿字，约44 400页，

---

[1] 中国第一历史档案馆藏军机处上谕档，乾隆二十三年（1758）四月初八日第2条，盒号：580，册号：2。

[2] 麦高文、儒连的说法参见英国翟斯理《钦定古今图书集成索引》导言，1911年伦敦出版。转引自张秀民：《清代的铜活字》，载《张秀民印刷史论文集》，印刷工业出版社，1988，第252页。

第四章 铜字馆与《古今图书集成》的刊刻

平均每卷44页左右。[1]

刷印这样一部超大部头的内府书籍,制备铜活字所需投入的财力、物力和人力都是极大的。关于铜活字制作的大致费用,根据内务府奏销档案,乾隆十八年(1753)五月二十九日《庄亲王奏参武英殿官员滥行开销余平银事》有:

> 查得武英殿康熙六十一年奏销档内,自四十三年起至六十一年计十九年,共领过崇文门银十五万三千五百两,并无余平,亦无细册可查。雍正元年至雍正三年,每年领过崇文门银六千两,亦无余平银。[2]

康熙末年,内府办理图书刷印费用,例由崇文门监督处支出。加算起来,武英殿修书处自康熙四十三年至雍正三年总共领过崇文门银近16万两,若铜字

---

[1] 曹红军:《康雍乾三朝中央机构刻印书研究》,南京师范大学2006年博士学位论文,第59页。

[2] 中国第一历史档案馆藏内务府档案,乾隆十八年(1753)五月二十九日《庄亲王奏参武英殿官员滥行开销余平银事》,卷号:05-0128,档案号:05-0128-070。

馆（即集成馆）的经费全部从此崇文门银中支取，扣除武英殿修书处等其他各馆的支出，则铜字馆的经费总额约为十万两。乾隆三年（1738）十月初二日，内府档案《呈为内务府三旗人员入官现存房地清单》透露，康熙六十一年刷印《集成》耗费银两近三万两，这还不包括制作铜活字及人员开销等费用：

> 正黄旗佐领内务府总管兼侍郎丁皂保于康熙五十四年起至雍正三年拖欠节省烧造玻璃水木柴银二万二千两，康熙六十一年拖欠崇文门监督任内应代销刷印古今图书集成书银二万七百三十两又欠余银七千九百四十两。[1]

刷印《集成》的工作至康熙六十一年已大致完成。前引档案清楚列明康熙六十一年单单刷印《集成》这一项费用加上余银就总计近三万两，其中自然包括制作铜活字的费用。根据何人龙密折，康熙时允祉领衔的诸馆需"岁每数万"，而铜字馆则"每岁销耗钱粮十

---

[1] 中国第一历史档案馆藏内务府档案，乾隆三年（1738）十月初二日《呈为内务府三旗人员入官现存房地清单》，档案号：05-023-008。

倍诸馆之数",每年的花费近十余万两白银,实际情况与此虽有差别,档案资料未免有夸大之嫌,但也充分表明铜字馆制作、刷印《集成》的总费用是相当惊人的,可谓不惜工本。

林春祺的福田书海铜活字印书是清代铜活字印刷史上的一大壮举,排印过顾炎武《音学五书》中的《音论》三卷、《诗本音》十卷,以及《水陆攻守战略秘书七种》中的《军中医方备要》二卷。《音论》封面页背面,印有"福田书海铜活字板,福建侯官林氏珍藏"等语,文前的《铜板叙》介绍了制作铜活字印书的过程。林春祺从道光五年(1825)兴工镌刻铜活字,至道光二十六年(1846)完成,历经20载,终于刻成"楷书铜字大小各二十余万字",即总计40余万个铜活字,"耗资二十余万金,辛苦二十年"。[1] 张秀民先生认为,这篇《铜板叙》是有关我国制造金属活字的仅有文献,在他看来,"林氏镌刻的大小铜字多至四十余万个,比康熙内府所刻者几乎多至一倍,也超过了朝鲜任何一批的铜字数量,在

---

[1] 〔清〕林春祺:《铜板叙》,转引自王继祥:《珍贵的铜活字印刷文献〈铜板叙〉》,《文献》1992年第2期,第273页。

亚洲各国制造铜金属活字史上是罕有其匹的"[1]。内府铜活字相关档案是我国活字印刷史上的重要文献档案,它们的发现可在一定程度上补充和修正张氏的看法。

回答了《集成》文字部分的制作方式问题,还需要解决另外一个问题——《集成》中所刊载的近万幅插图,又是如何制作的?近年国家图书馆影印出版了《古今图书集成图》,收录《集成》图版6000余幅,但编者也未能说明其制作方式。《集成》文字部分为铜活字印刷,但其中的数千幅精美插图到底为铜板雕刻印刷还是木板雕刻印刷,学界一直存在不同意见。有学者认为,康熙时期已经掌握了铜版画技术,康熙末年就成功刻印了《皇舆全览图》,但还有一部分学者,如裴芹依据《集成》图的线条构图等认为,数量庞大的插图不可能为铜版雕刻,但此说尚未得到文献档案的佐证。笔者长期关注《集成》图,并找到了关键性档案。

中国第一历史档案馆藏《军机处满文录副奏折》,乾隆二十一年(1756)十一月单有:

---

[1] 张秀民:《清代的铜活字》,载《张秀民印刷史论文集》,印刷工业出版社,1988,第255页。

第四章 铜字馆与《古今图书集成》的刊刻

> 查《古今图书集成》舆图与《皇舆图》校对,有直隶等省二百十四图,未有者十六图。今将未有之图开后:山海经地全图、热河图、鸭绿江图……再查《古今图书集成》铜字于乾隆九年十月二十八日奏准销毁,其图板于乾隆十二年十一月初二日奉旨改刻别样书籍。[1]

清代向有将雕版改刻其他书籍的先例,能改刻的必定是木板雕版。金门诏《全韵诗》中也有"命工并绘图"的说法。可见,《集成》插图为木刻雕版印刷。《集成》插图中配有文字说明,笔者经实物比对,发现插图中的文字与其他小字注释字体一致,由此推断应该是铜活字刷印。

如前所述,笔者利用新发现的档案资料为厘清清代内府铜活字的相关问题作了一些探索,但仍有许多棘手的问题有待解决。清代内府大规模制作铜活字之前,中国是否具备制作铜活字的一整套成熟工艺?就清代而言,清初曾用整块铜版刻印盐引,《山东通志》

---

[1] 中国第一历史档案馆藏《军机处满文录副奏折》,清乾隆二十一年(1756)十一月单。

卷一三载:"引以护盐,颁自农部。元易官券为引,详前盐法考。其纸方幅仅尺,用铜板印刷。顺治元年令宝泉局刊铸铜板刷印盐引,每引纳纸朱银参厘,同正课岁解户部,其文则题定盐筋,缴引二款并行盐地方。康熙三十五年,户部覆准铸,山东引目铜板一样陆块。六十一年,覆准令宝泉局照旧式,铸造新板,其旧板即行销毁。"但实际上,用整块铜版印刷与制作大量铜活字的工艺显然不是一回事,两者涉及的技术截然不同。许多版本学家认为,早在康熙二十五年(1686),江苏民间就有吹黎阁版铜活字刊印的四卷本《文苑英华律赋选》。追溯此说之源流,推断《文苑英华律赋选》为铜活字刊印的最重要依据是,书名页及目录页下方、卷四末行有"吹藜阁同板"五个字,"同板"就是"铜板"的简写。又,该书康熙二十五年(1686)钱陆灿自序云"于是稍简汰而授之活板,以行于世",张秀民先生认为该书"封面说是铜板,他又说是活板,其为铜活字板无疑"。[1] 近来辛德勇撰写长文,指出"铜字板"与铜活字无涉,"活字铜板"并不一定含有

---

[1] 张秀民、韩琦:《中国活字印刷史》,中国书籍出版社,1998,第88页。

铜活字的意思。不管称作"活字铜板",还是"铜板活字",抑或是徒标以"铜板",都不能像清代瞿中溶以下诸人那样,将其简单等同于"铜活字版"。他的研究揭示,所谓"活字铜板""铜板活字"和"铜板"(或写作"铜版"),也不一定是指二者组合之后形成的书版,而有可能只是指承放字钉的版片。[1]因此,笔者认为,对于康熙二十五年(1686)吹黎阁版的《文苑英华律赋选》是否为铜活字刻印这一问题,应当审慎,不能轻易判其为铜活字印书。设若真如辛德勇所论断的,则明代史书中并无有关铜活字印书的明确可靠记载。"所谓明铜活字印书,在历史文献中实际并无法得到确认,而相关历史文献记载表明,从宋末元初最初出现金属活字印书时起,迄止有明一代,中国用于书籍印刷的金属活字,只有锡字,根本没有使用过铜活字的可靠记录。"[2]假如在清代内府大量制作铜活字之前,中国确无铜活字刷印的书籍,

---

[1] 辛德勇:《论所谓明铜活字印书于史初无征验——附论明代的金属活字印本》,《燕京学报》2007年第2期(新23期),第9、28页。

[2] 辛德勇:《论所谓明铜活字印书于史初无征验——附论明代的金属活字印本》,《燕京学报》2007年第2期(新23期),第9、28页。

那么，内府制作铜活字势必成为中国印刷史上的一大创举。当然，学界关于铜活字的流变等问题还存在争议。笔者期待新资料的进一步发掘和学界的进一步讨论。

三、《古今图书集成》铜活字的保存及最终去向

内府这批珍贵的铜活字后来去了哪里？根据档案，在用铜活字刷印完《集成》《律吕正义》《数理精蕴》等内府书籍后，允禄奏议"今若仍用铜字，所费工价较之刊刻木板所差无多，究不能垂诸永久"，建议将《御制律历渊源》木版刷印。此后的铜活字本内府书籍越来越少，这批铜活字被收贮起来，由武英殿铜字馆移交给铜字库管理。根据《钦定大清会典事例》，武英殿设"铜字库"，置库掌一员，拜唐阿二名，专司铜字、铜盘及摆列等事。同时还雇摆字人，每月每人工食银三两五钱。刻铜字人，每字工银二分五厘[1]。学界一般认为，乾隆初年，因京师钱贵，武英殿铜字库

---

[1]〔清〕昆冈等纂：《钦定大清会典事例》卷一一九九，清光绪二十五年（1899）石印本。

第四章 铜字馆与《古今图书集成》的刊刻

所存之内府铜活字全部销毁用于铸钱。追本溯源，最早提出这一看法的就是乾隆帝，《御制诗四集》卷二二《题武英殿聚珍版十韵有序》有诗句"毁铜惜悔彼，刊木此惭予"在"毁铜"一词下注："康熙年间编纂《古今图书集成》，刻铜字为活版，排印蒇工，贮之武英殿，历年既久，铜字或被窃缺少，司事者惧干咎。适值乾隆初年京师钱贵，遂请毁铜字供铸，从之。"[1] 乾隆帝的这一观点影响很大，连当时朝鲜使臣都记载了下来。张秀民先生在《中国活字印刷史》一书中也对乾隆帝的说法加以援引发挥："管理人员监守自盗，恰巧北京钱贵，他们怕受罚，就建议毁铜铸钱。乾隆九年（1744）将铜字库所残存的铜字、铜盘统统销毁，改铸铜钱，真是得不偿失。"[2] 然而，事实并非如此。档案揭示，至乾隆九年，铜字库贮存的铜活字丢失不多，根据军机处档案，这批铜活字熔铸后没有用来铸币，而是铸佛。前引内务府档案中即有"乾隆九年冬月据员外郎永忠、监造郑三格叫我速查铜字数目，要交造佛处。

---

[1] 〔清〕弘历：《御制诗四集》卷二二《题武英殿聚珍版十韵有序》，清乾隆三十八年（1773）武英殿刻本。

[2] 张秀民、韩琦：《中国活字印刷史》，中国书籍出版社，1998，第88页。

即照档查明"。

至于无字铜子的去向,根据朱家溍先生所述,他在档案中"发现了乾隆的弟弟和亲王掌管修书处时把铜活字为自己府中铸了铜陈设、铜炉、铜狮等,当然也先给宫中陈设了,所以乾隆有口说不出,但和亲王为此受了处分"[1]。这里清楚说明,永忠、郑三格将无字铜子私下送给和亲王弘昼后,弘昼就将这批铜活字熔铸,为自己府中和宫中添设了铜炉、铜狮等。内府这一批珍贵的铜活字就此消失。后来,乾隆帝欲将四库全书馆中罕见的书刊印出来,但内府铜活字已然不存,为此乾隆帝追悔莫及,"所得有限,而所耗甚多,已为非计。且使铜字尚存,则令之印书,不更事半功倍乎?深为惜之"[2],最后不得不另刻木活字使用。这是中国文化史上的一大损失,至今令人唏嘘。

经过以上考察,笔者认为,康熙五十五年(1716)前后,康熙帝应陈梦雷请求,为刻印万卷《集成》在

---

[1] 朱家溍:《关于清代宫史研究及原状陈列的几个问题》,载《故宫退食录》,北京出版社,1999,第380页。
[2] 〔清〕弘历:《御制诗四集》卷二二《题武英殿聚珍版十韵有序》,清乾隆三十八年(1773)武英殿刻本。

第四章 铜字馆与《古今图书集成》的刊刻

武英殿设立铜字馆，在大约三年的时间内制作了包括无字铜子在内的100余万个大小铜活字。这批铜活字后收存于武英殿铜字库，并由专人监管。乾隆九年（1744），乾隆帝批准大臣奏请将有字铜活字1 015 433个连同铜盘900余个全部熔化。遗憾的是，铜活字未能留存至今，用以记录铜活字档案的铜字档也不知所终。

厘清清代内府铜活字的相关问题，对推进中国活字印刷术的研究大有裨益。1403年，朝鲜已开始大量铸造用于印书的铜活字。成伣《慵斋丛话》卷三详细描述了朝鲜铸造铜活字的方法："铸字之法，先用黄杨木刻诸字，以海浦软泥平铺印板，印着木刻字于泥中，则所印处凹而成字。于是合两印板，熔铜，从一穴泻下，流液分入凹处，一一成字，遂刻剔重复而整之。"[1] 与朝鲜铸造铜活字相比，清代内府铜活字工艺独具一格，别有特色。据张秀民研究，朝鲜1403—1863年铸造金属活字的次数达34次，内铅字两次，铁字六次，

---

[1] 〔朝鲜〕成伣：《慵斋丛话》卷三，英译本见孙宝基（Sohn Pow-Key），*Early Korean Printing*, *Journal of the American Oriental Society*, 1959（79）：102。转引自张秀民、韩琦：《中国活字印刷史》，中国书籍出版社，1998，第141—142页。

余均铜字。每次铸字30万者两次,次为20万,或为15万、16万,少亦8万或6万。[1] 清代内府制作的铜活字数量达100余万,远远超过朝鲜历史上任何一次铸造金属活字的数量,在世界活字印刷史上独领风骚。

---

[1] 张秀民、韩琦:《中国活字印刷史》,中国书籍出版社,1998,第137—138页。

第五章 多重视野下的集成馆与《古今图书集成》

一、皇位继承与集成馆兴废

历代典籍编纂,不仅与统治者追求文治的传统有关,而且与当时的政治也有复杂纠葛。修书之馆与政治的关系,不少学者已有论及,王记录《清代史馆与清代政治》言之甚详[1]。就类书编纂而言,其与政治也颇有关系。宋人王明清《挥麈后录》卷一引朱敦儒说:"太平兴国中,诸降王死,其旧臣或宣怨言,太宗尽收用之,置之馆阁,使修群书。如《册府元龟》《文苑

---

[1] 王记录:《清代史馆与清代政治》,人民出版社,2009。

英华》《太平广记》之类。广其卷帙，厚其廪禄赡给，以役其心，多卒老于文字之间。"[1] 在中国历史上，每逢改朝换代或政治动荡，官方例有编撰类书之举。如《皇览》编于曹魏统一北方之后，《艺文类聚》和《文思博要》编于唐初，《三教珠英》编于武则天称帝之后，《太平御览》编于宋初平定南方之后，《永乐大典》编于"靖难之役"之后，等等。到了清代，康熙末年的皇位继承也直接影响到了集成馆的兴废。

如笔者第三章所述，集成馆纂修《集成》分为两个阶段——康熙朝集成馆时期和雍正朝集成馆时期。雍正即位后，惩治总裁陈梦雷等原集成馆纂修人员十余人，集成馆短暂中断。雍正元年重新任命蒋廷锡为集成馆总裁，组织力量纂修《集成》，集成馆得以复开。个中缘由，值得探究，梳理相关史料，集成馆兴废实与康熙末年皇位继承有着莫大关系。

康熙末年，诸皇子角逐储位白热化，康熙四十七年、康熙五十一年先后两次废黜皇太子允礽，没有再立储。在这种情形下，诸皇子觊觎帝位，允祉年齿居前，

---

[1] 〔宋〕王明清：《挥麈后录》卷一，中华书局，1961，第53页。

第五章 多重视野下的集成馆与《古今图书集成》

处于比较有利的地位。康熙晚年,凡率皇太子、皇长子等离京出巡,选派皇子留守京城以及奏报京城事宜,必均以允祉领衔。允禔、允礽相继被软禁后,允祉则在众皇子中稳居领军之位。康熙五十二年,御史赵申乔奏请重立太子,康熙帝即谕称:"今欲立皇太子,必能以朕心为心者,方可立之,岂宜轻举。"[1] 说明康熙尚未放弃立储之意。康熙五十二年九月,允祉奉领衔修辑康熙帝尤为重视的律吕、算法诸书,在蒙养斋开馆,地位显耀。尤其是二废太子事件发生后,允祉在世人看来已经是"依次当立"。

康熙六十一年十一月十三日,康熙帝驾崩。十一月二十日,胤禛即位,改元雍正。不到一个月,康熙六十一年十二月十二日即下谕旨:

> 谕内阁九卿等:陈梦雷原系从耿逆之人,皇考宽仁免戮,发往关东。皇考东巡,念其平日稍知学问,带回京师,交诚亲王处行走。累年以来,不思改过,招摇无忌,不法甚多。朕以皇考恩免

---
[1] 《清圣祖实录》卷二五三,康熙五十二年二月庚戌条,中华书局,1985,第504页。

之人，不忍加诛。然京师断不可留，皇考遗命以敦睦为嘱，陈梦雷若在诚亲王处，将来必致有累。九卿等知陈梦雷者颇多，或其罪有可原，不妨直言，朕即赦免。如朕言允当，应将陈梦雷并伊子远发边外，或有陈梦雷之门生，平日在外生事者，亦即指名陈奏。又杨文言乃耿逆伪相，一时漏网，公然潜匿京师，著书立说。今虽已服冥刑，如有子弟在京者，亦即奏明驱遣。尔等毋得徇私隐蔽。陈梦雷处所存《古今图书集成》一书，皆皇考指示训诲，钦定条例，费数十年圣心。故能贯穿今古，汇合经史，天文地理皆有图记，下至山川草木百工制造、海西秘法靡不备具，洵为典籍之大观。此书工犹未竣，著九卿公举一二学问渊通之人，令其编辑竣事。原稿内有讹错未当者，即加润色增删，仰副皇考稽古博览至意。[1]

雍正帝即位不过一月，即下此诏谕，应该说是对此事相当重视。陈梦雷在康熙时期虽有"从耿逆"的

---

[1]《清世宗实录》卷二，康熙六十一年癸亥条，中华书局，1985，第55页。

第五章 多重视野下的集成馆与《古今图书集成》

前科,但得到了康熙的赦免,并被任命为集成馆总裁,待遇优厚,此时忽而生变,获罪遭遣,罪名是"不思改过,招摇无忌,不法甚多",甚至连其子侄也受牵连,令人感到十分蹊跷。其实,这与康熙末年的皇位继承有关。大致而言,陈梦雷得到康熙帝赦免后,入京侍奉允祉读书,充其重要幕僚,逐步介入储位之争,而允祉领衔的修书各馆就成为陈梦雷替允祉收纳人才的大本营,所谓"每馆取纂修若干人,实皆门客,陈梦雷教之收纳人才耳。一时奔竞之徒藉为仕宦捷径,纷纷干进谄媚"[1]。二废太子后,陈梦雷的动作更大,任集成馆总裁后,馆中多有陈梦雷亲戚子侄和门生故吏,也都多少牵连其中。雍正即位,对允祉集团反攻倒算,陈梦雷及其亲戚子侄、门生故吏就不可避免地成为重点打击对象。

对于康熙朝集成馆人员的处置,雍正元年正月二十七日《内阁学士蒋廷锡等奏陈办理古今图书集成情形并编校人员去留折》中有所透露:

---

[1] 中国第一历史档案馆编:《雍正朝汉文朱批奏折汇编》第32册,江苏古籍出版社,1989,第31—33页。

其修书人员陈梦雷所取八十人，今除陈圣恩、陈圣眷已经发遣，周昌言现在缉拿，汪汉俾、金门诏已经黜革。其陈梦雷之弟陈梦鹏，侄陈圣瑞、陈圣策，应驱逐回籍。林镡、方侨、郑宽、许本植四人皆福建人，系陈梦雷之亲，林在衡、林在峨二人系已革中书林佶之子，亦应驱逐。李莱已经告假，王之拭从未到馆，亦应除去外，存六十四人。[1]

雍正特意在奏折"皆福建人"行间朱批：

此辈交部立刻递解还乡，行于督抚严加看守本地，不许在外游荡生事。先逐告假者，亦皆行文去。[2]

雍正元年一月二十二日内阁大库档案《刑部福建司为陈梦雷父子招摇不法事》载：

---

[1] 中国第一历史档案馆编：《雍正朝汉文朱批奏折汇编》第32册，江苏古籍出版社，1989，第585页。
[2] 中国第一历史档案馆编：《雍正朝汉文朱批奏折汇编》第32册，江苏古籍出版社，1989，第585页。

第五章　多重视野下的集成馆与《古今图书集成》

> 为陈梦雷父子招摇无忌事多不法一案。奉旨：张廷枢著降五级调用，托赖著降四级调用，陈梦雷父子著即行发齐齐哈尔地方。周昌言俟拿获之日，另行请旨具奏，王景曾著降二级留任。[1]

关于陈梦雷的流放地，张玉兴《关于陈梦雷第二次被流放的问题》认为在黑龙江齐齐哈尔。他的说法一直没有得到直接档案的佐证，而此内阁大库档案则明确记载，陈梦雷父子的流放地确实是齐齐哈尔。

关于惩办集成馆部分纂修人员之事，雍正元年一月二十七日内阁大库档案有所补充，说明刑部执行了雍正的谕旨：

> 刑部福建司为递解事。刑部福建司为十六阿哥、蒋廷锡、陈邦彦启奏古今图书集成馆事宜。奉旨：陈梦雷之弟陈梦鹏、侄陈圣瑞等交部立刻递解还乡，行于督抚严加看守本地，不许在外游

---
[1] 台湾"中研院"历史语言研究所藏内阁大库档案《刑部送来元年上谕事件档》，档案号：290994-003。

荡生事,先告假之李莱亦行文去。[1]

雍正元年二月初十,雍正帝再次提及陈梦雷案:

> 如陈梦雷罪大恶极,朕尚询问九卿大臣云,陈梦雷如应宽宥,尔等秉公具奏。佥云陈梦雷罪大恶极,断不可留,应行正法。朕犹免其死罪,将伊一切恶款,俱未详究,止坐以发遣之罪,系狱待遣。孰知陶赖、张廷枢竟将陈梦雷二子擅自释放,陶赖、张廷枢之罪甚大,朕犹欲保全大臣,免其治罪,止以降级结案。讵意伊等心怀怨愤,谓大臣等及朕御前行走之人,凡事何必奏闻。夫有事预先奏闻,朕犹得为之潜消默化,倘事端初起,不即奏闻,迨至彰明较著,方始具奏,不但于事无益,且必连累多人矣。[2]

---

[1] 台湾"中研院"历史语言研究所藏内阁大库档案《刑部送来元年上谕事件档》,档案号:290994-004。
[2] 《上谕内阁》卷四,雍正元年(1723)二月初十日,清雍正九年(1731)内府刻本。

第五章　多重视野下的集成馆与《古今图书集成》

雍正元年二月二十九日军机处上谕档进一步揭示，陈梦雷获罪乃与诚亲王有关：

> 雍正元年二月二十九日谕总理事务王大臣：陈梦雷、杨文言、秦道然等俱在各王门下行走，妄乱生事，各处钻营，因将伊等治罪。今观诸王、贝勒、贝子、公等仍有将汉人容留在家居住者，若有此等之人，必致妄生事端。嗣后王以下公以上如欲教训子弟，必择为人老成者，将姓名具奏，再令教习子弟，毋得滥将汉人容留在家。[1]

雍正元年四月二十五日刑部满尚书佛格等人办理刑讯原集成馆纂修人员周昌言一事，透露出陈梦雷较早参与了康熙末年允祉的皇位继承斗争：

> 刑部尚书宗室臣佛格等谨奏：为请旨事。臣等屏人究问周昌言，据供：我周昌言其实并无一件实学本事，止因贪利贪名，妄想太重，所以见了

---

[1] 中国第一历史档案馆藏军机处上谕档，雍正元年（1723）二月二十九日第2条，盒号：545，册号：2。

陈梦雷就说会礼斗、请仙、六壬数，又说会炼樟柳神，未卜先知，不过要陈梦雷重我之心。至于每礼斗时有祝颂之词，愿求保佑诚亲王沐帝欢心，传继大位，为诚亲王祈求是实。每次将王本命灯下所供之米，陈梦雷送王食用也是实。再，陈梦雷有一木牌，上面画一人像，旁边写的两行字：天命在兹，慎秘勿泄，敕陈梦雷供奉云云。我问陈梦雷：这个牌何用？他说：这是我甲午年拜斗那一夜，风雨雷电，听见一声大响，案上凭空降下此牌。这个是将来大位之牌，令我供奉，必是要我辅佐之意。我又问：这个牌上又没有定是哪一位，怎么虚空供奉？陈梦雷说：你在此礼斗，即是有缘之人，所以不避你。此牌未书名者，总是到传位之时，即填上那一位。你可谨慎勿泄。此牌用黄绫包着，供在斗姥座下。去年十二月十三日陈梦雷回家，他将斗坛供的箓牌等项俱焚化了。我问陈梦雷：如今皇上登位，老师何不将此牌举奏？他说：我在馆中向禅得海说过，要他向他父亲说了，通达皇上，并无回话，大约皇上不信此事。这俱是陈梦雷的骗局。镇魇之事，我周昌言不知道。……据周昌

第五章 多重视野下的集成馆与《古今图书集成》

言供:我今投到,愿领重罪,我一切妄为之处敢不从实说出。我为诚亲王拜斗、知道六壬数请仙俱是有的。从前得过一本书,上有请仙符、炼耳报圆光镇魇(符)、和解符、化骨符。此书曾与陈梦雷看过。陈梦雷因与李光地有仇,将李光地镇魇,试过不验,以后再不曾行此法;若验,陈梦雷原要将大阿哥、二阿哥镇魇不得出来,还要将不相对的爷们镇魇。因不灵验,所以未行等语。[1]

雍正八年五月十九日宗人府议定的允祉罪款有:

允祉素日包藏祸心,希冀储位,与逆乱邪伪之陈梦雷亲昵密谋,遂将梦雷逆党周昌言私藏家内,妄造邪术,拜斗祈禳,阴为镇魇。及事迹败露,经大臣审明具奏,允祉罪在不赦。我皇上法外施仁,不忍加诛,并令寝息其事。[2]

---

[1] 中国第一历史档案馆编:《雍正朝汉文朱批奏折汇编》第1册,江苏古籍出版社,1991,第292—297页。
[2] 《上谕旗务议覆》,载《中国史学丛书续编》第49册,台湾学生书局,1976,第395页;《清世宗实录》卷九四,雍正八年五月辛卯条,中华书局,1985。

所谓"将梦雷逆党周昌言私藏家内,妄造邪术,拜斗祈禳,阴为镇魇"等,应该就是源于前引的刑部档案。

此则刑部档案,有若干问题值得注意。其一,集成馆部分纂修人员参与了允祉的皇位继承斗争。如周昌言有两个身份:一是上述档案中所称的"有名镇魇之人",平日礼斗祝颂,为诚亲王祈求传继大位;二是康熙朝集成馆陈梦雷所取的纂修人员。另外,刑部档案中所提及的"禅得海"很有可能是集成馆纂修人员"禅他海",姓名不同可能是满文翻译的问题。于康熙五十五年开馆的集成馆被时人看作是"藏污纳垢"之地。在集成馆中,总裁陈梦雷"复招逆臣杨文言之子与伊子弟戚属共主馆事,互相援引,匪类日增,渐为内患"[1]。康熙朝集成馆的初次开馆,乃是允祉代陈梦雷进呈给康熙帝,时机的选择与政治目的密切相关。纂修过程中,允祉为监修,陈梦雷为总裁。纂修

---

[1] 原题《翰林院检讨何人龙奏陈泽旺纳款宜设重镇兵屯以固封守及修书议叙宜严甄别不得滥除州县折》,原折无年月,依据具奏者何人龙职务变化推断得出(何人龙原为翰林院检讨,雍正元年十月引见,奉旨以部郎用)。见中国第一历史档案馆编:《雍正朝汉文朱批奏折汇编》第32册,江苏古籍出版社,1989,第31—33页。

第五章 多重视野下的集成馆与《古今图书集成》

人员一部分是陈梦雷的亲戚子侄,一部分是允祉、陈梦雷的门生,人员之间存在一定的裙带关系。蒋廷锡雍正元年奏折提到:"其修书人员陈梦雷所取八十人,今除陈圣恩、陈圣眷已经发遣,周昌言现在缉拿,汪汉倬、金门诏已经黜革。其陈梦雷之弟陈梦鹏,侄陈圣瑞、陈圣策,应驱逐回籍。林镡、方侨、郑宽、许本植四人皆福建人,系陈梦雷之亲,林在衡、林在峨二人系已革中书林佶之子,亦应驱逐"[1]。集成馆纂修人员多为陈梦雷的亲戚子侄、门生故吏,他们应该都参与了允祉的皇位继承争夺战,因而后来都遭到雍正的清洗。

其二,陈梦雷确实参与了允祉的皇位争夺战。陈梦雷是祈禳的策划者、参与者以及镇魇的实施者。陈梦雷入住水村别墅后,即奉允祉命,为康熙帝拜斗祈福。

---

[1] 中国第一历史档案馆编:《雍正朝汉文朱批奏折汇编》第33册,江苏古籍出版社,1989,第585页。

二、从《古今图书集成》到《四库全书》

（一）乾隆帝对《集成》的高度赞赏和利用

《集成》编成后，雍正帝评价极高，雍正四年九月二十七日《御制古今图书集成序》称赞《集成》为"成册府之巨观，极图书之大备"。《集成》刻成后，雍正立即将其恩赏给亲王、宠信大臣，并在宫中各处陈设（见第五章第三节）。乾隆帝即位后，对乃祖乃父所编之《集成》更是赞不绝口，称"本朝所修《古今图书集成》一书，搜罗浩博，卷帙繁复，实艺林之巨，为从来之所未有者"[1]，甚至连《永乐大典》都无法与之相提并论，"我皇祖《古今图书集成》凡一万卷，虽无《永乐大典》之多，而考核精当，不似彼限韵割裂"[2]，"征引之富，卷帙之多，考核之精，皆从古所未有也"[3]。乾隆效仿雍正帝的做法，将《集成》继续赏赐给大臣

---

[1] 中国第一历史档案馆藏军机处上谕档，盒号：558，册号：1。
[2] 〔清〕弘历：《御制诗四集》卷三三，清乾隆三十七年（1772）内府刻本。
[3] 〔清〕弘历：《御制诗四集》卷四八，清乾隆三十七年（1772）内府刻本。

第五章　多重视野下的集成馆与《古今图书集成》

亲信，颁给各处陈设。如乾隆九年颁赐一部给翰林院收贮，使得"词臣等咸得览以广识见，以资问学"[1]。此外，考虑到民间保存《集成》不善，他还下旨将雍正年间赏赐给大臣的《集成》回缴内府。乾隆三十九年四月初二日，"赏给大学士舒赫德、于敏中、刘墉《集成》各一部"[2]。乾隆三十九年五月十四日，将《集成》存放于各省行宫七处，即天津柳墅行宫、山东泉林行宫、江宁栖霞行宫、扬州天宁寺行宫、镇江金山行宫、苏州灵岩行宫和杭州西湖行宫。[3]可以说，乾隆帝是把《集成》视作珍稀之物进行颁赏和陈设的。

学界一致认为，四库馆开馆之契机是朱筠奏议从《永乐大典》辑录资料，其时，乾隆帝特意提到要互相核对《集成》和《永乐大典》。乾隆三十八年二月初六日，"奉旨军机大臣议覆朱筠条奏内将《永乐大典》择取缮写各自为书一节……著即派军机大臣为总裁官仍于翰林等官内选定员数，责令及时专司查校，将原书

---

[1] 中国第一历史档案馆藏军机处上谕档，盒号：558，册号：1。
[2] 中国第一历史档案馆藏军机处上谕档，乾隆三十九年（1774）四月初二日，盒号：649，册号：2。
[3] 中国第一历史档案馆藏军机处上谕档，盒号：649，册号：2。

详细检阅,并将《图书集成》互为校核,择其未经采录而实在流传已久,尚可裒缀成编者,先行摘开目录奏闻,候朕裁定,其应如何酌定规条,即著派出之大臣详悉议奏。"《清代官员履历档案全编》所载官员履历中就有从事《集成》缮写的人员,如王元照、石养源、钱致纯、徐秉文等,他们均"由武英殿缮写《古今图书集成》,奏准以知县用"[1]。乾隆三十八年奏折透露出,《集成》有可能从《永乐大典》摘录过资料。事实是否如此？笔者检索《集成》全书,发现《集成》的确包含《永乐大典》的数条记载,如《职方典》卷六九二《松江府部汇考四》有"上海县治……《永乐大典》:县署旧在今儒学之东,系松江总场,明年为海潮所侵……"。《四库全书纂修档案》乾隆三十八年二月二十三日上谕有《永乐大典》"似系康熙年间开馆修书,总裁官等取出查阅"[2],如果此说属实,那么查阅的人中是否就有《集成》的纂修总裁？康熙时查慎行参与纂修《佩文

---

[1] 中国第一历史档案馆编:《清代官员履历档案全编》第21册,华东师范大学出版社,1997,第183—184页。
[2] 中国第一历史档案馆编:《纂修四库全书档案》,乾隆三十八年(1773)二月二十三日上谕,上海古籍出版社,1997,第60页。

第五章 多重视野下的集成馆与《古今图书集成》

韵府》,就曾拟奏请查阅《永乐大典》,以资参考。钟琦《皇朝琐屑录》有"康熙间仁皇帝命儒臣百十人纂修《图书集成》,从《永乐大典》中择取精华"[1],可视为一个旁证。

四库馆开馆期间,乾隆帝每年都会题写大量有关贮藏《四库全书》《四库全书荟要》的各阁、堂、室的御制诗,少则一首,多则十首,即所谓"每岁春临必题句"。值得注意的是,乾隆帝题写《四库全书》御制诗时,屡次提到乃祖所编之《集成》。如《题文津阁》诗中夹注云:"建阁为贮《四库全书》之用,然抄录尚需数年,阁中空旷,用仿《四库》书函之式,装潢《古今图书集成》,全部皮架排列,亦颇可观。"[2] "阁成复仿四库全书函式装潢《古今图书集成》,三十二典,凡一万卷,皮架排列,文津之名不为孤矣。"[3]《题文渊阁》诗云:"四库皮藏待,层楼恰构新。"[4] 为了不使楼阁长期空置,先将康熙时所编之《集成》颁于各阁一

---

[1]〔清〕钟琦:《皇朝琐屑录》,清光绪二十三年(1897)嘉州钟氏刊本。
[2]〔清〕弘历:《御制诗四集》卷三八,清乾隆三十七年(1772)内府刻本。
[3]〔清〕弘历:《御制诗四集》卷七五,清乾隆三十七年(1772)内府刻本。
[4]〔清〕弘历:《御制诗四集》卷三〇,清乾隆三十七年(1772)内府刻本。

部，聊以充数自慰："四库犹辽待，图书《今古》披"[1]，"藏事虽犹待，《集成》斯已珍"[2]，"《集成》拔萃石渠者，颁贮思公天下云"[3]，"万卷《图书集成》部，颁来高阁贮凌云"[4]。《题文源阁》诗亦云："四库搜罗书浩繁，构成层阁待诸园。"[5]

值得注意的是，乾隆帝所建的南北七阁，都各贮有一部《集成》。如北方四阁原为庋藏《四库全书》而建，但文津、文源、文渊三阁建成后，《四库全书》尚未纂修完成，考虑到阁中无书可藏，乾隆帝下旨"仿《四库》书函之式，装潢《古今图书集成》，全部庋架排列"，并在文渊等三阁内，各贮一部。盛京文溯阁建成较晚，乾隆四十七年（1782）《集成》与《四库全书》同时入藏文溯阁。至于南方三阁，乾隆四十二年（1777），扬州天宁寺行宫和镇江金山行宫颁储得到《集成》各一部，两淮盐政奏请在行宫内，仿天一阁规模

---

[1]〔清〕弘历：《御制诗四集》卷三三，清乾隆三十七年（1772）内府刻本。
[2]〔清〕弘历：《御制诗四集》卷三八，清乾隆三十七年（1772）内府刻本。
[3]〔清〕弘历：《御制诗四集》卷七三，清乾隆三十七年（1772）内府刻本。
[4]〔清〕弘历：《御制诗四集》卷七三，清乾隆三十七年（1772）内府刻本。
[5]〔清〕弘历：《御制诗四集》卷三〇，清乾隆三十七年（1772）内府刻本。

第五章　多重视野下的集成馆与《古今图书集成》

建造藏书楼，珍藏《集成》。乾隆四十四年、四十五年，文宗阁、文汇阁先后建成，各入藏《集成》一部。入藏后，因两阁中仍有诸多空余书格，后来便收贮《四库全书》。杭州本来就有贮藏《集成》的藏书堂一处，乾隆四十八年（1783）末，堂后改建成文澜阁。《集成》《四库全书》全部入藏南方三阁后，乾隆帝谕旨称："该省士子，有愿读中秘书者，许其呈明到阁抄阅。"从此，《集成》与《四库全书》一道，成为"嘉惠士林"的重要著作。

乾隆皇帝对乃祖文治武功极为推崇，处处效仿，而体现清王朝文治的典籍编纂，则必为乾隆所垂意，所谓"余虽不敢仰方皇祖右文之盛，而运际光昌，振兴文教，实切绳武之思焉"[1]。对于编纂《四库全书》的功绩，乾隆帝颇为自得，欲与乃祖康熙帝所编之《集成》相提并论，"书成约得五六万卷，与皇祖纂辑《图书集成》之例虽不尽同，而取多用宏，广惠艺苑，则仍体皇祖崇文之意云"[2]。

---

[1]〔清〕弘历：《御制诗四集》卷四八，清乾隆三十七年（1772）内府刻本。
[2]〔清〕弘历：《御制诗四集》卷四八，清乾隆三十七年（1772）内府刻本。

（二）《古今图书集成》与《四库全书》

众所周知，类书与丛书对保存和利用图书起着重要作用，如便省览、利寻检、供采摭和存佚遗。但二者的性质与用途不同。一般认为，类书比丛书出现得更早，始于北魏的《皇览》，丛书的鼻祖则是南宋俞鼎孙、俞经所编的《儒学警悟》。类书的定义，学界存在分歧，但大致而言，它是辑录各门类或某一部类的资料，按照一定的方法编排、供人检索的一种工具书。《四库全书总目·类书类·小序》称类书"非经非史，非子非集，四部之内，乃无类可归"；《四库提要》则沿袭《隋书·经籍志》，将类书归入子部。论其功用，类书具有百科全书的性质，可以根据所辑资料查找事物的原委、典章制度的沿革、文字掌故的兴废，也可用以校勘异文、校补典籍。类书往往保存了一部分已佚古籍的资料，清人的辑佚工作便是从类书中辑录，从而使后人能知古佚书的鳞爪，甚或概貌。如四库馆臣从《永乐大典》中辑录了数百种散佚之书，可谓辑佚古代资料之渊薮。

丛书则是按一定的目的，在一个总名之下，将各

第五章 多重视野下的集成馆与《古今图书集成》

种著作汇编于一体的一种集群式图书,唐人陆龟蒙言:"丛书者,丛脞之书也。丛脞犹细碎也,细而不遗大,可知其所容矣……歌、诗、颂、赋、铭、记、传、序,往往杂发,不类不次,混而载之,得称为'丛书'。"丛书有别于类书的特征在于,它是对原著的汇辑,一般而言,不作删减和改动。与类书相比,丛书规模相对较小,且多为汇辑某一方面的古籍资料。丛书一般收集全本古籍,与类书从各类文献中采辑资料又有不同。

就现存而言,《集成》是我国现存最大的一部类书,而《四库全书》则是我国古代卷帙最大的一部丛书。笔者发现,康熙时期是官修类书的高峰,乾隆时期则是官修丛书的高峰,康熙、雍正以后,官修类书几乎绝迹,而官修丛书却璀璨夺目,它们的兴替难道只是一种偶然和巧合?

关于《集成》与《四库》的关系,前人作过一些简略的探讨,如朱桂昌《从〈永乐大典〉到〈四库全书〉——兼论类书与丛书的演变》[1]、裴芹《〈古今图书

---

[1] 朱桂昌:《从〈永乐大典〉到〈四库全书〉——兼论类书与丛书的演变》,《云南教育学院学报》1988年第4期,第74—93页。

集成〉与〈四库全书〉》[1]等,但他们基本上是各自介绍,并未探讨其中的变化。陶湘民国十一年(1922)刻《儒学警悟》,卷首冠有民国八年(1919)缪荃孙撰写的序,开头即言"唐以来有类书,宋以来有丛书"。缪虽把类书出现的时间说得晚了点,但已觉察到二者之间存在兴替关系。最值得注意的是黄永年先生《说类书和丛书的兴替》的看法,他注意到类书、丛书的兴替与当时的社会性质的变化、王朝兴衰特别是学术文化的转向密切相关,认为隋唐时期"科举制的推行且使原先的士族丧失仕途上的特权。前此流行于士族中的骈俪文字自必随之而见厌弃,韩愈、柳宗元等所倡导的古文运动在中唐时就应运而生,而为骈俪文字服务的类书也得退出历史舞台"。而"就在类书走下坡路的时候,讲求学问、重视考证的著作陆续问世了"。南宋以后,丛书编刻事业开始兴起,可被看作赵宋文化鼎盛的一种表现。"蒙元及朱明前期丛书之少见刊行,自与其时学术之中衰有关",嘉靖以后思想学术逐渐出现新局面,为清学之前驱,于是编

---

[1] 裴芹:《〈古今图书集成〉与〈四库全书〉》,《内蒙古民族师院学报》(哲学社会科学·汉文版)1990年第1期,第11—15页。

第五章 多重视野下的集成馆与《古今图书集成》

刻丛书之风兴起。清人毕沅经训堂、卢文弨抱经堂、孙星衍岱南阁、平津馆、鲍廷博知不足斋、黄丕烈士礼居等所刻丛书,显然是乾嘉学派影响下的产物,因而多数精校精刻,连《北堂书钞》以至《太平御览》等类书都转而被利用来校勘辑佚。这个风气一直到清末民初尚未完全衰歇。[1] 张舜徽先生论及类书、丛书之体用异同,也注意到两者的功用、兴替与学术发展的关系:

> (丛书)大辂椎轮,其例未显;降及后世,体用始明耳。顾类书、丛书,功效各异,高下不同,似未可相提并论。自类书日出,而'操觚者易于检寻,注书者利于剽窃,辗转稗贩,实学颇荒'。前人早已道其流弊矣(见《四库提要》)。至于丛书之为用,出愈晚而愈弘。网罗散佚,掇拾丛残,举凡遗经逸史以及未刊之书,悉赖汇刻以传,可资博览,有裨士林,固非类书之比辑杂钞可比也。

---

[1] 黄永年:《黄永年古籍序跋述论集》,中华书局,2007,第308—309页;原载北京大学中国古文献研究中心等编:《海峡两岸古典文献学学术研讨会论文集》,上海古籍出版社,2002,第1—4页。

有清一代私家刊布丛书之风尤盛，或专明一学，或综合群类，或荟萃地区文献，或传印宋元精本，名目繁多，不可胜数。[1]

笔者认为，官修类书到丛书的兴替与清代的学术文化发展有密切关系。大体而言，明清之际有宋学向汉学转变的内在逻辑，清初学术则从宋明理学向乾嘉汉学转变，而从《集成》到《四库全书》，也体现了这一学术转向。顺康雍之际，以程朱理学为官方哲学，汉宋不分，门户不严，所谓"国初，汉学方萌芽，皆以宋学为根柢，不分门户，各取所长，是为汉、宋兼采之学"[2]。康熙帝极其推崇孔子的"述而不作"，敕编了数部大型类书，《集成》就是其中的集大成者。雍正三年十二月户部左侍郎蒋廷锡等奏报《古今图书集成》纂成告竣折有："《理学汇编》分为四典，一曰《经籍典》：孔藏伏授，并列行间；程定朱增，俱标简末。汉疏多尊毛、郑，岂韩晏之属，可勿研求；宋注尤重蔡、

---

[1] 张舜徽：《爱晚庐随笔》，华中师范大学出版社，2005，第 228 页。
[2] 皮锡瑞：《经学历史》，中华书局，1959，第 341 页。

胡,岂张恰之流,不资探讨。"[1]是以程朱理学为旨归,汉宋兼采。

到乾嘉时期,汉学成为主流,程朱理学正统地位动摇,开始出现"尊汉抑宋"的倾向[2],梁启超也说:"四库馆就是汉学家的大本营,《四库提要》就是汉学思想的结晶体。就这一点论,也可以说是:康熙中叶以来汉宋之争,到开四库馆而汉学派全占胜利。"[3]被梁启超视作"汉学思想的结晶体"的《四库全书总目》受乾嘉学术风气的影响,尤重类书资料来源的真实性与客观性。所谓"明人类书,大都没其出处,至于凭臆增损,无可征信。此书援引繁富,而皆能一一注所由来,体裁较善",由此可知《总目》对类书中所载资料的真实性十分重视。《总目》对类书中征引言多荒诞不经的小说就颇有微词。如认为《续文献通考》"《琵琶记》《水

---

[1] 中国第一历史档案馆编:《雍正朝汉文朱批奏折汇编》第33册,江苏古籍出版社,1989,第591页。

[2] 参考黄爱平:《清代康雍乾三帝的统治思想与文化选择》,《中国社会科学院研究生院学报》2001年第4期,第58—66页;薛新力:《清代汉学思潮对〈四库全书总目〉之影响》,《图书馆论坛》2002年第4期,第120—121页。

[3] 梁启超:《梁启超论清学史二种》,复旦大学出版社,1985,第115页。

浒传》乃俱著录，宜为后来论者之所讥"。汉学兴起，以训诂名物为依归，带动了历史学、地理学、金石学、语言文字学及目录学等学科的发展。

乾隆纂修《四库全书》的动机，前人多有考论，说法不一。一种说法认为，与乾隆的个人意志有关，他自称十全老人，自诩除了武功、年龄外，各方面都要超越前代帝王，因此纂修《四库》，亦有不让乃祖康熙帝所编《集成》专美于前。[1]《钦定四库全书总目》卷首所载乾隆三十七年正月初四日谕旨称："康熙年间所修《图书集成》，全部兼收并录，极方策之大观，引用诸编率属因类取裁，不能悉载全文，使阅者沿流溯源，一一征其来处。今内府藏书插架不为不富，然古今来著作之手无虑数千百家，或逸在名山，未登柱史，正宜及时采集，汇送京师，以彰千古同文之盛。"乾隆帝认为类书限于体裁，不能将书籍原文全部载入，难免割裂文意，因而主张将所有图书，分别收入经、史、子、集四库，编纂成大型丛书。《四库全书总目提要》评类书之利弊称："此体一兴，而操觚者易于检寻，注书者

---

[1] 赖哲信：《乾隆纂修〈四库全书〉其意初不在铲除异己论》，《辅大中研所学刊》1994年第3期，第201—218页。

利于剽窃，转辗稗贩，实学颇荒。然古籍散亡，十不存一，遗文旧事，往往托以得存。《艺文类聚》《初学记》《太平御览》诸篇，残玑断璧，至捃拾不穷，要不可谓之无补也。"认为类书之兴荒废了实学，与乾隆帝所言《集成》之弊如出一辙。

乾隆时期汉学勃兴，学术风气发生转向，也带动了典籍编纂的变化。从学术基础上讲，考证学派已不满足于类书这种摘录式的资料片段，转而开始寻求善本原本作为资料基础。于是尽可能保留文献的完整性，收入多方面资料的丛书应运而生。学术风气的这一转向在典籍编纂方面就表现为从包容兼采的《集成》编纂到《四库全书》整齐划一的丛书编纂。应该说，从《集成》到《四库全书》，也从一个侧面展现了清初学术文化的转向，值得我们关注和研究。

三、流风余韵：时代变迁中的《古今图书集成》

雍正三年十二月集成馆闭馆，虽然已经完成了它的历史使命，但其所编纂的《集成》一书，待雍正六年60余部全部刷印完毕后，才从此进入流通利用的阶段。梳理近300年铜版《集成》的流通史，不仅可在一定程度上反映出集成馆的历史功绩，也可以从中探究时代变迁中典籍聚散与文化传承的关系。

（一）雍、乾间铜版《集成》的赏赐、陈设与回缴

长期以来，许多学者认为《集成》到乾隆朝才开始大量流通，其实不然，雍正帝为了宣扬他"继志述事"的形象，于雍正六年《集成》基本完成装订后，就将大部分《集成》以隆重的形式赏赐给亲王宠臣，《雍正朝起居注册》载：

> 二十日己亥，和硕庄亲王允禄、和硕果亲王允礼奉谕：《古今图书集成》棉纸书十九部，一部供奉寿皇殿，其余九部交乾清宫总管于应陈设之处陈设。其余九部赏怡亲王、庄亲王、果亲王、康亲王、福慧阿哥、张廷玉、蒋廷锡、鄂尔泰、岳钟琪每人一部。竹纸书四十五部内，赏诚亲王、恒亲王、咸福宫阿哥、元寿阿哥、天申阿哥、励

第五章 多重视野下的集成馆与《古今图书集成》

廷仪、史贻直、田文镜、孔毓珣、高其倬、李卫、王国栋、杨文乾、朱纲、嵇曾筠每人一部,其余三十部收储。[1]

雍正六年(1728)六月二十日,雍正帝处置这部大书,不由内阁而由庄亲王允禄、果亲王允礼传旨,19 部绵纸本,1 部供奉在寿皇殿,9 部交乾清宫总管于应陈设之处存放,余下 9 部赏给怡亲王(允祥)、庄亲王(允禄)、果亲王(允礼)、康亲王(衍璜)、福慧阿哥、张廷玉、蒋廷锡、鄂尔泰、岳钟琪每人 1 部。45 部竹纸本,赏给诚亲王(允祉)、恒亲王(允祺)、咸福宫阿哥(允祕)、元寿阿哥、天申阿哥(乾隆帝)、励廷仪、史贻直、田文镜、孔毓珣、高其倬、李卫、王国栋、杨文乾、朱纲、嵇曾筠每人 1 部,其余 30 部保存起来。由允禄、允礼主持赐书事务,表示这是皇帝的私人恩赐,书的领受者与皇帝的私人关系密切,他们并非因为官爵或贡献而应该得到,可见帝王喜好对典籍的流通会产生十分显著的影响。从领受者身份

---

[1] 中国第一历史档案馆编:《雍正朝起居注册》,中华书局,1993,第 2070 页。

上看，怡亲王、庄亲王等是雍正的兄弟，张廷玉、鄂尔泰、岳钟琪等则是雍正的宠臣，蒋廷锡是编纂《集成》的总裁，得到皇帝的嘉奖亦在情理之中。值得注意的是，《雍正朝起居注册》的这则记载明确表明，当时刷印的铜活字版《集成》有绵纸书和竹纸书两种装潢。李致忠先生在《古书版本鉴定》中称，《集成》"用铜活字排版之后，选用洁白如玉的开化纸和微黄似箔的太史连纸印造"[1]。可见，二者颜色、质地均有不同。雍正帝特意将部分绵纸书赏赐给怡亲王等信任的亲王重臣，以示优渥，而把质量次之的竹纸书赏赐给实际主持编纂工作的诚亲王，亲疏之分立现。

受赐得到《集成》，在亲王、大臣看来是莫大的荣耀，因此他们在诗文集中多有记录。如允礼《春和堂纪恩诗·圣祖钦定古今图书集成恭纪》，专记受赐《集成》之事："两朝作述会渊源，只今弘启文明运，万卷图书万古存。"[2] 嵇曾筠也在其文集中大书特书一番[3]。

---

[1] 李致忠：《古书版本鉴定》，文物出版社，1997，第33页。

[2] 四库未收书辑刊编纂委员会编：《四库未收书辑刊》第8辑，北京出版社，1997，第30—53页。

[3] 〔清〕嵇曾筠：《防河奏议》卷八《恭谢钦赐古今图书集成》，清雍正刻本，国家图书馆藏。

第五章　多重视野下的集成馆与《古今图书集成》

张廷玉和鄂尔泰是雍正朝的宠臣，鄂尔泰于雍正九年（1731）、张廷玉于雍正十年（1732）分别又受赐得到一部《集成》。张廷玉《澄怀园语》卷三载："今图书集成者，是书也，康熙年间圣祖仁皇帝广命儒臣宏开书局，搜罗经史、诸子百家，别类分门，自天象地舆、明伦博物、理学经济以致昆虫草木之微，无不备具，诚册府之巨观，为群书之渊海，历十有余年而未就，世宗宪皇帝复招虞山蒋文肃督率在馆诸臣重加编校，正其伪讹，补其缺略，经三载而始厘定成书，图绘精详，考订切当，御制序文弁其首，以内府铜字联缀成版，计印六十余部，未有刻本也。比时玉蒙恩颁赐一部，雍正十年给假南归，又赐一部，令织造送至桐城收藏于家。"[1]鄂容安所编《襄勤伯鄂文端公年谱》记雍正六年雍正帝表彰其将《集成》捐赠书院，再次赏赐一部："钦赐《古今图书集成》一万二千卷，……公奏谢圣赐后叹曰：'天恩高后如此，与其遗我一家子孙读，何如存在书院，留与一省子孙读也。'乃以此书并携藏书二万余卷，留之书院。及入郡，世宗询及此书，公据

---

[1] 〔清〕张廷玉：《澄怀园语》卷三，清乾隆刻本，国家图书馆古籍馆藏。

实以对,世宗大悦公忠如此,嘉叹良久,复赐以二部。"[1]此外,根据相关档案,雍正帝还将《集成》赐给了讷亲[2]、孔传铎[3](雍正七年)、马尔泰[4]等人(详见下文)。

乾隆帝即位后,将存贮于武英殿的《集成》继续颁发给翰林院、热河等处行宫。乾隆九年(1744)十月二十四日军机处上谕档载:"内阁奉上谕:本朝所修《古今图书集成》一书搜罗浩博,卷帙繁复,实艺林之巨,为从来之所未有者,古称天禄石渠为藏书之所,今之翰林院即图书府也,著《古今图书集成》颁赐一部收贮院署,俾词臣等咸得览以广识见,以资问学。"[5]据《日下旧闻考》引《词林典故》,乾隆八年,乾隆帝以翰林院署岁久倾圮,诏颁内府钱粮重加修葺;九年十月,御书"稽古论思""集贤清秘"二额颜其堂,并赐《集成》一部贮宝善亭。乾隆二十八年(1763)七月

---

[1] 〔清〕鄂容安等:《襄勤伯鄂文端公年谱》,载中国社会科学院历史研究所清史研究室编:《清史资料》第2辑,中华书局,1981,第99页。

[2] 中国第一历史档案馆藏军机处档案,乾隆三十八年(1773)四月二十六日。

[3] 〔清〕孔继汾:《阙里文献考》卷一〇,清乾隆刻本。

[4] 中国第一历史档案馆藏军机处档案,乾隆三十八年(1773)四月二十六日。

[5] 中国第一历史档案馆藏军机处上谕档,盒号:558,册号:1。

第五章 多重视野下的集成馆与《古今图书集成》

十四日,将《集成》一部于热河行宫陈设,军机处上谕档载:

> 大学士公傅(恒)字致大学士来(保)乾隆二十八年七月十四日奉旨,前经降旨将绵纸书《古今图书集成》送一部至热河,著即在京装订齐全,再行送来。其套盒须用木胎,所有应用木片材料即向总管太监等取用,一切箱匣旧料皆可改做。钦此。中堂即行遵旨传谕各该处遵办可也。此致。[1]

鲜为人知的是,乾隆帝不仅大量赏赐《集成》,同时还着手清查并回缴雍正年间赐给大臣、亲王的部分《集成》。如军机处上谕档载,乾隆三十八年(1773)四月初三日乾隆帝询问岳钟琪、朱纲所得《集成》的去向:

> 办理军机处为咨查事。所有雍正年间赏给岳钟琪、朱纲《古今图书集成》一部,现在奉旨查

---

[1] 中国第一历史档案馆藏军机处上谕档,第1条,盒号:593,册号:1。

询其家此书是否现存及有无残缺之处，相应行知。贵督、贵抚即行饬查咨覆，本处并饬该地方官毋得滋扰。[1]

乾隆帝此旨，意图借清查《集成》残缺情况，收回颁发下去的部分《集成》，地方督抚接旨后自然心知肚明，很快山东巡抚徐绩就上报了清查结果：

> 朱纲侄孙朱照呈称：朱纲原任福建巡抚。雍正年间，蒙钦赐《古今图书集成》一部，向系敬谨收藏。身祖故后，经长房胞伯朱崇诰收贮，身时幼小，未得窥见。自乾隆十三年伯朱崇诰赴直隶投效河工后，补固安县丞。十四年间，将住房变卖，携眷赴任，遂将此书寄放于长青县卢子若家。监生卢崐呈称：切生故父卢子若在日，有《图书集成》一部，生身幼闻得系历城县朱姓之书，因房屋变卖，将书寄存在生家。彼时生年幼并不知是何年分，朱姓是何名字，亦不知系钦赐之书。[2]

---

[1] 中国第一历史档案馆藏军机处上谕档，第3条，盒号：645，册号：1。
[2] 中国第一历史档案馆藏军机处录副奏折，档案号：03-1148-021。

第五章 多重视野下的集成馆与《古今图书集成》

山东巡抚徐绩明白乾隆帝的盘算，同时上折奏询应否令朱纲之孙将御赏《集成》恭缴：

> 《图书集成》乃特恩赏给，理应敬谨世守，今朱纲父子俱故，家业萧条，贮书无所，子孙不能世守，恐致日久散佚，殊非将御赏《古今图书集成》敬谨之道，应否将原书恭缴之处，伏候本部院。[1]

鉴于大臣恩赏所得《集成》不能妥善保存，乾隆帝当即下旨回缴部分《集成》。乾隆三十八年（1773）四月十三日军机处上谕档载：

> 臣等奉旨查原任提督田文镜所得赏给之《古今图书集成》一部，令其家缴回，随交改旗查办。今据该正黄旗汉军都统覆称，田文镜之孙革职县丞田邦直呈称其书已卖与镶红旗汉军官学生刘若儒得价银五百五十两。等语。查田邦直以伊祖田

---

[1] 中国第一历史档案馆藏军机处录副奏折，档案号：03-114803-1148-021082-0435。

文镜所有恩赏书籍私行得价售卖，殊属不合，应请旨交部治罪。至刘若儒因何收买及是否完全之处，现交镶红旗汉军都统查明具奏请旨谨奏。[1]

对于雍正年间受赐获得《集成》的杨文乾家，河南巡抚何煟奏报了查缴过程：

照得雍正年间赏给巡抚杨文乾《古今图书集成》一部，现在奉旨查缴。今传询其家，并无着落。合将巡抚杨文乾并伊子总督杨应琚生平历任各省分通行咨查，咨到贵抚，即将其历过地方有无存晋安放次数之处，迅速查覆，一面咨报，一面解京送交本处。[2]

这里言及将藏书者杨应琚"生平历任各省分通行咨查"，查缴力度不可谓不大，也说明乾隆帝对此事高度重视。

---

[1] 中国第一历史档案馆藏军机处上谕档，乾隆三十八年（1773）四月十三日，盒号：645，册号：1。
[2] 中国第一历史档案馆藏军机处录副奏折，档案号：03-1148-016。

第五章　多重视野下的集成馆与《古今图书集成》

从最后的结果看，共计缴回《集成》五部，乾隆三十八年（1773）四月十六日军机处上谕档载：

> 奉旨：今将《古今图书集成》原书缴回者共五家：鄂尔泰：二部内缴一部，据伊孙鄂岳称现在拟缴。田文镜：交查该旗，昨又传催，未据覆到。杨文乾：交查该旗，据称从前查抄杨应琚家有旧书二十三套，杂书七箱，又旧书一百套，此外并无别项书籍。等语。但查原书系五百二十套，断不在所抄之内，杨应琚历任各省，曾经带往拟行文细为查询。马尔泰：据伊孙玛郎阿称，于乾隆五年经回禄被焚。讷亲：其书下落尚未查得。奉旨查询其家现在原书是否完全共四家：诚亲王：据贝勒弘景借给黄松石，已经奏明。李卫：据伊孙候补道李星曜曾载往同州府任所，现存。岳钟琪：已经武英殿查得。朱纲：已行文山东巡抚向其家查询。[1]

---

[1] 中国第一历史档案馆藏军机处上谕档，乾隆三十八年（1773）四月十六日，盒号：645，册号：1。

对于去向不明的《集成》,乾隆继续追缴,乾隆三十八年(1773)八月十一日军机处上谕档载:

> 从前赏给原任福建巡抚朱纲《古今图书集成》一部,据朱纲之孙朱照呈称,是书向系胞伯朱崇诰收贮,后因变卖房屋寄放卢子若家内。今卢子若已故,现有伊子卢崐可询,随传问卢崐称,向有寄存朱姓之书,但目开五百二十套,原系少二套,今将原书送缴。等语。朱照既不能世守此书,恐日久益致散失,应否将原书恭缴之处,咨请前来理合。乾隆三十八年八月十一日奉旨:著交军机处。钦此。[1]

乾隆三十九年(1774)五月十四日,于敏中根据乾隆帝的旨意,"拟各省行宫七处陈设《古今图书集成》清单",具体为天津柳墅行宫、山东泉林行宫、江宁栖霞行宫、扬州天宁寺行宫、镇江金山行宫、苏州灵岩行宫、杭州西湖行宫,并称"以上备拟陈

---

[1] 中国第一历史档案馆藏军机处上谕档,乾隆三十八年(1773)八月十一日,盒号:646,册号:1。

第五章 多重视野下的集成馆与《古今图书集成》

设书本俱行知经管之各该督抚盐政选派员至武英殿领取,敬谨如式装潢收贮各署内,以备临时陈设"[1]。天宁寺、金山、西湖行宫之《集成》后分别移入文汇阁、文宗阁、文澜阁。周伯義《金山志》载:"乾隆四十三年钦颁《古今图书集成》一部,与镇江金山行宫,两淮盐运使疏请建阁储之。次年阁成。"据乾隆四十二年(1777)六月十五日宫中档乾隆朝奏折,两淮盐政寅著领到颁贮扬州天宁寺行宫和镇江金山行宫两部《古今图书集成》后,奏请"与行宫内就高宽之处,仿天一阁规模,鼎建书阁,永远宝藏"。《扬州画舫录》卷四载,乾隆四十四年(1779),入藏于金山寺行宫之左的藏书阁首先建成,乾隆赐名文宗阁,贮《集成》一部。次年,移往扬州大观堂。后来文澜阁遭兵火,浙江巡抚谭钟麟等人筹款重建,经人说合,从鲍廷博之孙鲍寅手中购得乾隆皇帝赐给其祖的《集成》一部。

乾隆年间,因修《四库全书》,朝廷将《集成》赏赐给献书最多的藏书之家。乾隆三十九年(1774)五

---

[1] 中国第一历史档案馆藏军机处上谕档,盒号:649,册号:2。

月十四日军机处上谕档载：

> 谕内阁赏鲍士恭等《古今图书集成》、周厚堉《佩文韵府》各一部：今阅进到各家书目，其最多者，如浙江之鲍士恭、范懋柱、汪启淑，两淮之马裕四家，为数至五、六、七百种，皆其累世弆藏，子孙克守其业，甚可嘉尚。因思内府所有《古今图书集成》，为书城巨观，人间罕觏，此等世守陈编之家，宜俾尊藏勿失，以永留贻。鲍士恭、范懋柱、汪启淑、马裕四家，著赏《古今图书集成》各一部，以为好古之劝。……以上应赏之书，其外省各家，著该督抚盐政派员赴武英殿领会分给；其在京各员，令其亲赴武英殿祗领。仍将此通谕知之。钦此。

乾隆三十九年（1774）四月初二日乾隆继续赏赐《集成》给亲信大臣舒赫德、于敏中、刘墉等人：

> 大学士舒赫德、于敏中著各赏《古今图书集成》，其收藏传付子孙守而弗失。再，已故大学

第五章 多重视野下的集成馆与《古今图书集成》

士刘统勋一体上给,不意其猝尔身故,未及身预,因念及其子克世其业,亦加恩上给一部。[1]

此外,宫中档案显示,乾隆年间还赏赐给书院及个人数部《集成》,如山东紫阳书院[2]、泺源书院(518封,缺42卷)[3]等。

关于作为赏赐品的铜版《集成》的领取方式,乾隆三十九年(1774)五月于行宫陈设《集成》谕旨称:"以上备拟陈设书本俱知经管之各该督抚、盐政选派员至武英殿领取。"赏赐藏书之家谕旨亦称:"令其亲赴武英殿领取。"由此可知,一般由武英殿统一负责装潢,受赏者亲自领取。

乾隆二十八年(1763)七月十四日军机处上谕档揭示,清廷曾对《集成》展开过阶段性的清查:"查据武英殿现存未装订《古今图书集成》绵纸书三部,竹纸书二十四部。谨奏。"[4]可见,至乾隆二十八年,武

---

[1] 中国第一历史档案馆藏军机处上谕档,乾隆三十九年(1774)四月初二日,盒号:649,册号:2。
[2] 中国第一历史档案馆藏雍乾朝录副奏折。
[3] 道光《济南府志》卷一七,清道光二十年(1840)刻本。
[4] 中国第一历史档案馆藏军机处上谕档,盒号:593,册号:1。

英殿所贮《集成》的数量还较多，后经乾隆帝的赏赐、陈设等，数量锐减。乾隆四十年（1775）五月十五日内务府奏销档《奏为热河文津阁陈设〈古今图书集成〉事》提及，武英殿所存铜版《集成》只有五部（残缺绵纸一部，竹纸四部），只能将竹纸《集成》陈设于文津、文渊、文源三阁：

> 奴才金简谨奏请旨事。本月十二日奉旨热河文津阁应行陈设《古今图书集成》一部，著先行装潢，于七月底八月初间送往陈设，其文源阁、文渊阁亦即接续装潢预备陈设。钦此。钦遵。奴才随交武英殿翰林处将《古今图书集成》流水先行检阅校对一部，一面装潢书本，一面做成匣套，敬谨赶办……查武英殿现存《古今图书集成》五部，内竹纸书四部，连四纸书一部，系鄂尔泰家交回之书，残缺八十余本，虽经奏明补写齐全，但书内原有虫蛀之处，难以陈设，现今装潢三阁，应请统用竹纸书三部。乾隆四十年五月十五日具奏。本日奉旨：知道了。匣套即照依《古今图书集成》书本大小成造，上下夹书板不必用糊饰插

第五章　多重视野下的集成馆与《古今图书集成》

盖应刻书名字样，著填泥金，钦此。[1]

雍、乾年间如何赏赐、颁发和陈设《集成》是关于内府书籍流通的典型案例。幸运的是，内府档案就有关于此一时期《集成》流通情况的详细记录。

关于雍正时期的《集成》流通情况，满文录副奏折《呈雍正年间陈设并赏赐书籍数量清单》[2]记载：

　　永思殿[3]　供奉一部　棉纸锦套
　　乾清宫　　陈设一部　棉纸锦套

　　赏过
　　咸福宫阿哥　一部　竹纸　福慧阿哥　一部　棉纸
　　天申阿哥　一部　竹纸　怡亲王　一部　棉纸
　　庄亲王　　一部　棉纸　果亲王　一部　棉纸

---

[1] 中国第一档案馆藏内务府奏销档案，卷号：05-0319，档案号：05-0319-067。

[2] 中国第一历史档案馆藏内府满文录副奏折，卷号：04-01-38-0023，档案号：04-01-038-0023-029。

[3] 永思殿为景山寿皇殿之组成部分。

康亲王	一部	棉纸	诚亲王	一部	竹纸
恒亲王	一部	竹纸	鄂尔泰	两部	棉纸
张廷玉	一部	棉纸	蒋廷锡	一部	棉纸
岳钟琪	一部	棉纸	史贻直	一部	竹纸
田文镜	一部	竹纸	孔毓珣	一部	竹纸
高其倬	一部	竹纸	李卫	一部	竹纸
王国栋	一部	竹纸	杨文乾	一部	竹纸
朱纲	一部	竹纸	嵇曾筠	一部	竹纸
励廷仪	一部	竹纸	马尔赛	一部	竹纸
阙里	一部	棉纸			

以上共二十八部

关于乾隆时期的《集成》流通情况，内府满文录副奏折《呈乾隆年间各处陈设并赏赐过书籍名目数量清单》[1]也有详细记载：

乾隆年间各处陈设并赏赐过书籍数目

---

[1] 中国第一历史档案馆藏内府满文录副奏折，卷号：04-01-38-0023，档案号：04-01-038-0023-030。

第五章　多重视野下的集成馆与《古今图书集成》

古香斋[1]　　　　陈设一部　竹纸布套

正大光明殿[2]　　陈设一部　棉纸锦套

蕊珠宫[3]　　　　陈设一部　棉纸锦套

澹怀堂[4]　　　　陈设一部　棉纸锦套

前垂天贶[5]　　　陈设一部　竹纸布套

热河　　　　　　陈设一部　竹纸绢套

盛京　　　　　　收贮一部　竹纸

礼部　　　　　　收贮一部　竹纸

翰林院　　　　　存贮一部　竹纸

赏过

四阿哥（永珹）　一部　竹纸

五阿哥（永琪）　一部　竹纸　未领去，现存武英殿书库

六阿哥（永瑢）　一部　竹纸

---

[1] 为重华宫东房。
[2] 为圆明园正殿。
[3] 为上海书院。
[4] 在圆明园。
[5] 在上书房。

八阿哥（永璇） 一部 竹纸

傅恒 一部 竹纸

讷亲 一部 竹纸

以上共十五部

根据以上梳理，结合相关史料，笔者制成雍、乾间铜版《集成》流向一览表（表六），方便读者对其流通过程有清晰的了解。

表六：雍、乾间铜版《集成》流向一览表

序号	时间	赏赐对象/存放地点	绵纸本/竹纸本	流向	资料来源
1	雍正六年六月二十日	寿皇殿，一说永思殿	绵纸本绵纸锦套		《雍正朝起居注册》
2	雍正间	乾清宫	绵纸锦套		满文录副奏折《呈雍正年间陈设并赏赐书籍数量清单》
3	雍正六年六月二十日	怡亲王允祥	绵纸本	全帙现藏普林斯顿大学东亚图书馆，钤有"宁邸珍藏图书"朱文印，知原藏允祥之子弘晈	《雍正朝起居注册》；《胡适、童世纲与葛思德东方图书馆》，台湾《传记文学》1975年第27卷第1、2期

第五章 多重视野下的集成馆与《古今图书集成》

续表

序号	时间	赏赐对象/存放地点	绵纸本/竹纸本	流向	资料来源
4	雍正六年六月二十日	庄亲王允禄	绵纸本		《雍正朝起居注册》
5	雍正六年六月二十日	果亲王允礼	绵纸本		《雍正朝起居注册》《恩赐汇纪》
6	雍正六年六月二十日	康亲王崇安	绵纸本		《雍正朝起居注册》
7	雍正六年六月二十日	福慧阿哥	绵纸本		《雍正朝起居注册》
8	雍正六年六月二十日	张廷玉	绵纸本		《雍正朝起居注册》
9	雍正六年六月二十日	蒋廷锡	绵纸本		《雍正朝起居注册》
10	雍正六年六月二十日	鄂尔泰	绵纸本	五华书院，后全毁	《雍正朝起居注册》
11	雍正六年六月二十日	岳钟琪	绵纸本	回缴	《雍正朝起居注册》、军机处上谕档（乾隆三十八年四月二十六日）
12	雍正六年六月二十日	诚亲王允祉	竹纸本	贝勒弘景借给黄松石	《雍正朝起居注册》、军机处上谕档（乾隆三十八年四月二十六日）

续表

序号	时间	赏赐对象/存放地点	绵纸本/竹纸本	流向	资料来源
13	雍正六年六月二十日	恒亲王允祺	竹纸本		《雍正朝起居注册》
14	雍正六年六月二十日	咸福宫阿哥允祕	竹纸本		《雍正朝起居注册》
15	雍正六年六月二十日	元寿阿哥弘历	竹纸本		《雍正朝起居注册》
16	雍正六年六月二十日	天申阿哥弘昼	竹纸本		《雍正朝起居注册》
17	雍正六年六月二十日	励廷仪	竹纸本		《雍正朝起居注册》
18	雍正六年六月二十日	史贻直	竹纸本		《雍正朝起居注册》、军机处上谕档（乾隆三十八年四月二十六日）
19	雍正六年六月二十日	田文镜	竹纸本	其孙卖与刘若儒，得银五百五十两，拟回缴，未查得	《雍正朝起居注册》、军机处上谕档（乾隆三十八年四月十三日）
20	雍正六年六月二十日	孔毓珣	竹纸本		《雍正朝起居注册》
21	雍正六年六月二十日	高其倬	竹纸本		《雍正朝起居注册》

第五章 多重视野下的集成馆与《古今图书集成》

续表

序号	时间	赏赐对象/存放地点	绵纸本/竹纸本	流向	资料来源
22	雍正六年六月二十日	李卫	竹纸本	回缴	《雍正朝起居注册》、军机处上谕档（乾隆三十八年四月二十六日）
23	雍正六年六月二十日	王国栋	竹纸本		《雍正朝起居注册》
24	雍正六年六月二十日	杨文乾	竹纸本	拟回缴内廷	《雍正朝起居注册》、军机处上谕档（乾隆三十八年四月二十六日）
25	雍正六年六月二十日	朱纲	竹纸本	回缴内廷，缺二套	《雍正朝起居注册》、军机处上谕档（乾隆三十八年四月二十六日）
26	雍正六年六月二十日	嵇曾筠	竹纸本		《雍正朝起居注册》、嵇曾筠《防河奏议》卷八《恭谢钦赐古今图书集成》

续表

序号	时间	赏赐对象/存放地点	绵纸本/竹纸本	流向	资料来源
27	雍正九年	鄂尔泰	绵纸本	回缴内廷	鄂容安《襄勤伯鄂文端公年谱》、军机处档案（乾隆三十八年四月二十六日）
28	雍正十年	张廷玉	绵纸本		《澄怀园语》卷三
29	雍正间	马尔赛	竹纸本	乾隆五年经回禄被焚毁	军机处档案（乾隆三十八年四月二十六日）、满文录副奏折《呈雍正年间陈设并赏赐书籍数量清单》
30	雍正七年	孔传铎	绵纸本		孔继汾《阙里文献考》卷一〇、满文录副奏折《呈雍正年间陈设并赏赐书籍数量清单》
31	乾隆间	讷亲	竹纸本	下落未查得	军机处档案（乾隆三十八年四月二十六日）、满文录副奏折《呈雍正年间陈设并赏赐书籍数量清单》

第五章 多重视野下的集成馆与《古今图书集成》

续表

序号	时间	赏赐对象/存放地点	绵纸本/竹纸本	流向	资料来源
32	乾隆间	傅恒	竹纸本	下落未查得	军机处满文录副奏折《呈雍正年间陈设并赏赐书籍数量清单》
33	雍正六年六月二十日	乾清宫各处陈设	绵纸本		《雍正朝起居注册》
34	乾隆九年十月二十四日	翰林院宝善亭(清秘堂)			军机处上谕档、《词林掌故》卷一
35	乾隆三十九年四月初二日	舒赫德			军机处上谕档(乾隆三十九年四月初二日)
36	乾隆三十九年四月初二日	于敏中			军机处上谕档(乾隆三十九年四月初二日)
37	乾隆三十九年四月初二日	刘统勋之子刘墉			军机处上谕档(乾隆三十九年四月初二日)
38	乾隆三十九年五月十四日	鲍士恭		后入新建后的文澜阁	军机处上谕档(乾隆三十九年五月十四日)

续表

序号	时间	赏赐对象/存放地点	绵纸本/竹纸本	流向	资料来源
39	乾隆三十九年五月十四日	范懋柱		毁于太平天国之乱	军机处上谕档（乾隆三十九年五月十四日）
40	乾隆三十九年五月十四日	汪启淑			军机处上谕档（乾隆三十九年五月十四日）
41	乾隆三十九年五月十四日	马裕			军机处上谕档（乾隆三十九年五月十四日）
42	乾隆三十九年	天津柳墅行宫			军机处上谕档（乾隆三十九年五月十四日）
43	乾隆三十九年	山东泉林行宫			军机处上谕档（乾隆三十九年五月十四日）
44	乾隆三十九年	江宁栖霞行宫			军机处上谕档（乾隆三十九年五月十四日）、录副奏折（乾隆三十九年六月十三日）

第五章　多重视野下的集成馆与《古今图书集成》

续表

序号	时间	赏赐对象/存放地点	绵纸本/竹纸本	流向	资料来源
45	乾隆三十九年	扬州天宁寺行宫		移入文汇阁，1853年毁于战火	军机处上谕档（乾隆三十九年五月十四日）
46	乾隆三十九年	镇江金山行宫		移入文宗阁，1853年毁于战火	军机处上谕档（乾隆三十九年五月十四日）
47	乾隆三十九年六月初三日	苏州灵岩行宫		全	军机处上谕档（乾隆三十九年五月十四日）、录副奏折（乾隆四十二年四月初八日）
48	乾隆三十九年	杭州西湖行宫		移入文澜阁，1861年毁于战火（存330册）	军机处上谕档（乾隆三十九年五月十四日）
49	乾隆三十九年	天津柳墅行宫			军机处上谕档（乾隆三十九年五月十四日）
50	乾隆三十九年	山东泉林行宫			军机处上谕档（乾隆三十九年五月十四日）

续表

序号	时间	赏赐对象/存放地点	绵纸本/竹纸本	流向	资料来源
51	雍正间	乾清宫	绵纸本（开化纸）	台北故宫博物院（缺三、四卷）	陶湘《故宫殿本书库现存目》、满文录副奏折
52	乾隆间	皇极殿		太史连纸、开化纸各一部	陶湘《故宫殿本书库现存目》
53	乾隆间	文源阁		1860年毁于战火	
54	乾隆四十七年九月	文津阁	竹纸本（太史连纸）	国家图书馆	军机处上谕档（乾隆二十八年七月十四日）
55	乾隆四十七年九月	文溯阁	竹纸本（太史连纸）	12架576函，辽宁省图书馆、甘肃省图书馆皆有藏	录副奏折（乾隆四十七年九月十一日）、《钦定盛京通志》卷二〇
56	乾隆间	文渊阁	竹纸本（太史连纸）	台北故宫博物院	
57	乾隆间	丁汤铭		1858年被毁	《续汉口丛谈》
58	乾隆间	皇十一子永瑆		南京图书馆藏三册铜活字本，有印章	拍卖会

第五章 多重视野下的集成馆与《古今图书集成》

续表

序号	时间	赏赐对象/存放地点	绵纸本/竹纸本	流向	资料来源
59	乾隆间	王杰	竹纸本（黄纸）	入陕西大荔丰登书院，陕西省图书馆（存644册9624卷）	杨居让《馆藏铜活字本〈古今图书集成〉》,《图书馆工作与研究》2005年第5期
60	乾隆间	重华宫古香斋	绵纸本	哈佛燕京图书馆、拍卖市场	吴振棫《养吉斋丛录》卷一七清光绪刻本、铭文包录副奏折
61	乾隆间	观象台锡清堂			汪由敦《松泉集》诗集卷一一《登观象台视仪器恭纪》
62	乾隆间	圆明园正大光明殿	绵纸锦套	烧毁	朱珪《知足斋集》卷五《上元侍宴正大光明殿恭纪》
63	乾隆二十八年	避暑山庄澹泊诚敬殿	绵纸本	南京博物院	军机处上谕档（乾隆二十八年七月十四日）

续表

序号	时间	赏赐对象/存放地点	绵纸本/竹纸本	流向	资料来源
64	乾隆间	盘山静寄山庄	太史连纸	576套寿安宫故宫图书馆藏，缺《职方典》卷八二一至八二二两卷（计一册）	咸丰内府抄本《盘山行宫收存书籍清册》、陶湘《故宫殿本书库现存目》民国二十二年（1933）故宫博物院图书馆排印本
65	乾隆间	懋勤殿		528函，4979册寿安宫故宫图书馆藏	清光绪年抄本《懋勤殿书目》
66	乾隆间	毓庆宫		寿安宫故宫图书馆藏，缺	内府抄本《安毓庆宫宛委别藏书目》
67	乾隆二十九年	日本德川幕府		东京帝国大学（1923年毁）	葛继勇《〈古今图书集成〉及其东传日本》（北京图书馆出版社2003年版）
68	乾隆四十一年	朝鲜奎章阁		首尔大学奎章阁图书馆	金镐《〈古今图书集成〉在朝鲜的传播与影响》(《东华汉学》2010年第11期，第241—272页)

第五章 多重视野下的集成馆与《古今图书集成》

续表

序号	时间	赏赐对象/存放地点	绵纸本/竹纸本	流向	资料来源
69	乾隆间	礼部	竹纸本	哈佛燕京图书馆藏一部分	书丛老蠹鱼新浪博客、满文录副奏折《呈乾隆年间各处陈设并赏赐过书籍名目数量清单》
70	乾隆间	紫阳书院	山东省图书馆	全	录副雍、乾奏折(乾隆四十二年)
71	乾隆间	泺源书院(济南)	山东省图书馆	518封，缺42卷	录副雍、乾奏折,道光《济南府志》卷一七清道光二十年(1840)刻本
72	乾隆元年	日本		日本内阁文库	葛继勇《〈古今图书集成〉及其东传日本》(北京图书馆出版社2003年版)
73	乾隆二十五年	日本		烧毁	葛继勇《〈古今图书集成〉及其东传日本》(北京图书馆出版社2003年版)

续表

序号	时间	赏赐对象/存放地点	绵纸本/竹纸本	流向	资料来源
74	乾隆间	日本		日本内阁文库	佟桂芬《朝鲜英正时期的文献学家》转引李德懋《盎叶记》
75	乾隆间	卢荫溥		拍卖市场	上海博古斋拍卖有限公司2007年秋季拍卖会拍卖图录
76	乾隆间	长春园澹怀堂	绵纸锦套	烧毁	满文录副奏折《呈乾隆年间各处陈设并赏赐过书籍名目数量清单》
77	乾隆间	上海蕊珠宫书院	绵纸锦套		满文录副奏折《呈乾隆年间各处陈设并赏赐过书籍名目数量清单》
78	乾隆间	上书房前垂天贶	竹纸布套		满文录副奏折《呈乾隆年间各处陈设并赏赐过书籍名目数量清单》

第五章 多重视野下的集成馆与《古今图书集成》

续表

序号	时间	赏赐对象/存放地点	绵纸本/竹纸本	流向	资料来源
79	乾隆间	热河	绵纸绢套		满文录副奏折《呈乾隆年间各处陈设并赏赐过书籍名目数量清单》
80	乾隆间	盛京	竹纸		满文录副奏折《呈乾隆年间各处陈设并赏赐过书籍名目数量清单》
81	乾隆间	履亲王四阿哥永珹	竹纸		满文录副奏折《呈乾隆年间各处陈设并赏赐过书籍名目数量清单》
82	乾隆间	亲王五阿哥永琪	竹纸	未领去,现存武英殿书库	满文录副奏折《呈乾隆年间各处陈设并赏赐过书籍名目数量清单》
83	乾隆间	亲王六阿哥永瑢	竹纸		满文录副奏折《呈乾隆年间各处陈设并赏赐过书籍名目数量清单》
84	乾隆间	亲王八阿哥永璇	竹纸		满文录副奏折《呈乾隆年间各处陈设并赏赐过书籍名目数量清单》

乾隆帝将《集成》陈设于三阁后，嘉庆以后就很少见到帝王赏赐铜版《集成》的相关记载了。铜版《集成》有的深藏内府，有的流落民间，均不易轻得。同治三年（1864），乐亭人史梦兰在"都门故家购得一部，幸无残缺，以兼车载归，凿壁藏之，护以纱厨"。[1] 到了光绪朝，偶见私人收藏。康有为跋《集成》云：

> 《古今图书集成》，为清朝第一大书，将以轶宋之《册府元龟》《太平御览》《文苑英华》，而与明之《永乐大典》竞宏富者。浙、扬、苏诸阁毁后，流传日少，闻刘忠诚督两江，将翻印时，查得只有湖南、广东共三本，近经革乱，海内传本益寥寥。京师经庚子破后，存本亦稀，此本自吾邑叶氏领运自京而来粤，费万金，后归吾邑孔氏。昔先师朱九江先生语我尝假读，馆孔氏三月焉。今归于我，一万卷皆完好，诚中国之瑰宝也。愿为中国之文明保存之。自笑久为亡人，流离异国之日多，绝少定居，安能以暇读此秘笈，而藏此巨册，抑

---

[1]〔清〕史梦兰：《史梦兰集》，天津古籍出版社，2015，第367页。

第五章 多重视野下的集成馆与《古今图书集成》

亦思古幽情,不能自已者耶![1]

康有为所藏铜版《集成》为中华书局缩印版所用底本。晚清民国时期,铜版《集成》大都入藏公共机构,民间并不多见。民国八年(1919),张元济致信傅增湘称,上海"此间有原版图书集成一部,缺去数十本,开价尚不甚贵。京中旧书店能补配否,尚望示及"[2]。

总结雍、乾间铜版《集成》刷印完成后的流通情况,流通方式包括殿宇陈设、赏赐亲王大臣和颁发翰林院等。如何流通取决于帝王的意愿。除了宫内、行宫之外,相当一部分也通过自上而下的颁赏进入勋臣之家,在此过程中,部分《集成》像许多典籍一样流散四方。有的损毁了,如马尔泰所得《集成》就全部被焚毁;有的凭空消失,如田文镜、杨文乾、讷亲所得《集成》早在乾隆年间就已经不知所终。然而,终归有部分《集成》流播至翰林院、书院等处(如鄂尔泰将一部《集成》移交书院,范懋柱所得《集成》入藏天

---

[1] 康有为撰:《康有为全集》第10集,姜义华、张荣华编校,中国人民大学出版社,2007,第180页。

[2] 张元济:《张元济书札》,商务印书馆,1981,第98页。

一阁,这两部《集成》历经风风雨雨,至今仍留存于世),使得宫中秘藏终能为普通士子所用,成为《集成》流通之滥觞。

《集成》的稿本和初印本也颇有故事。据史料载,卢址所建抱经楼收藏有《集成》稿本5013册,"卢抱经先生性嗜古籍……尝以未得内府《图书集成》为憾,乃破产遣群从入都市购求。书到,衣冠迎于门,其结癖之深如此"。[1]《抱经楼书目》也载有《集成》稿本5013册[2]。《故宫殿本书库现存目》载:"是书原稿本内府久已散佚,天津李氏曾得残稿数百册(有水渍烬余),内中以理学、经济两编占多数,每页十八行,行二十格,确为铜版摆印之底本,今已赠天津南开大学。"但经裴芹查证及笔者调研,南开大学所藏《集成》并非稿本。此处言及之稿本是否损毁,以及藏于何处,则不得而知。

关于《集成》初印本,清宫档案早已提及,乾隆

---

[1] 黄家鼎:《抱经楼藏书颠末考》,载叶昌炽:《藏书纪事诗》,上海古籍出版社,1989,第503—504页。
[2] 邵懿辰:《增订四库简明目录标注》卷一四,上海古籍出版社,1959,第554页。

第五章 多重视野下的集成馆与《古今图书集成》

四十一年（1776）四月十八日永瑢等奏《内务府奏清查武英殿修书处余书请将监造司库等官员议处折》记载："又有不全《古今图书集成》一部，内每典缺欠不一，共少六百八十一本。查此一书于雍正六年刷印六十四部之后，并未重印，今已将各处陈设并颁赏，现存《古今图书集成》数目按册逐一详查与原刷六十四部之数相符。是此一部或系当时初刷样本，历年久远，遂至散佚不全。"[1] 初印本后来流向了何处？根据天一阁李开升的介绍，天一阁藏《集成》就是铜版校样本和排印工的工作底本，"书中有二十一位编校人员的钤印、题名和题记，以及五十余条校记、一百七十余名排印工的逾千条题署"[2]。该初印本经历数百年的风风雨雨，还能留存于世间，且得到妥善保管，可谓弥足珍贵。

鉴于铜版《集成》之珍贵以及流传日稀，光绪十年（1884）英人美查于创办的点石斋设立图书集成印书馆，用三号扁体铅字排印，费时四年，于光绪十四

---

[1]〔清〕永瑢等：《内务府奏清查武英殿修书处余书请将监造司库等官员议处折》，乾隆四十一年（1776）四月十八日，载《史料旬刊》1930年第14期，第515页。
[2] 李开升：《〈古今图书集成〉铜活字校样本考述》，《中国典籍与文化》2014年第4期，第76页。

年（1888）印成《集成》。光绪十六年（1890），光绪皇帝下令上海同文书局石印《集成》，该局于光绪二十年（1894）照殿本原式印出100部。从此，《集成》才得以在海内外广泛流传。

（二）近三百年铜版《集成》流传海外史

铜版《集成》刻印后，享誉海内外，不仅引起了国内士子的高度关注，邻近国家如日本、朝鲜，也纷纷派人来购买。英美等国也通过各种途径收藏铜版《集成》。《集成》的传播，产生了深远影响，时人曾评论称"盖近来中国书籍，一脱梓手，云输商舶。东都西京之间，人文蔚起，愈往而愈兴者，赖有此一路耳"[1]，成为中外文化交流史上的一段美谈。

日本。乾隆元年（1736），中国商人孙辅斋运去160卷《集成》，准备卖给吉川幕府，将军有所怀疑，令御书物奉行调查。输入此书的中国商人孙辅斋回复称："此书之编集始自康熙帝时代，至雍正时代图绘全备而先行开版，只赐与高官，民间尚无。在中国亦为

---

[1] 李尚迪：《恩诵堂集》，载《韩国文集丛刊》第312册，景仁文化社，1999，第242页。

第五章 多重视野下的集成馆与《古今图书集成》

珍贵之书，故特意携带而来。另注书正在纂写，尚未完成，完成后当图文并印。此次持渡之书非全备之书，等全备之书完成后当持渡而来，但后年之内恐不能完成。"[1] 幕府认为不是《集成》全帙，只是绘图部分，要求购买全书。到乾隆二十九年（1764），即日本明和元年，运交全书《集成》一部，600套，9996本，总目40本，共用银25贯目，书入御文库。明治维新之后，《集成》划归大正官文库管理，后又经内阁记录局收藏，在明治二十二年至二十四年间作为二万册"堪称天下无二的珍书"之一被移交给宫内厅，后又奉明治天皇之名借给东京大学图书馆，不幸在大正十年的关东大地震中被大火焚毁。李德懋《盎叶记》称："中国富商购《图书集成》三部，输于日本长崎岛，一部在长崎岛官库、二部入江户。"[2] 抗日战争爆发后，日人又从中国大肆劫掠《集成》，今分藏于日本各大图书馆（多为散本）。应该说，日本是除中国外，收藏铜版《集成》最多的

---

[1] 〔日〕立原杏所：《见闻书目》，转引自大庭修：《江户时代中国典籍流播日本之研究》，杭州大学出版社，1998，第297页。

[2] 〔朝鲜〕李德懋：《盎叶记·图书集成》，载《青庄馆全书》卷五七。

国家。根据日本所藏中文古籍数据库[1],日本所藏铜版《集成》现存情况如下：

（1）日本国立公文书馆下属的内阁文库藏《集成》5006册，缺《学行典》卷二四一至二六〇,《文学典》卷六五、六六、七七至八〇、二二一至二二二。

（2）静嘉堂文库藏《集成》2788册,具体卷目不详。

（3）冈大资生研（大原汉籍文库）藏《集成》1628册。

（4）法政大（多摩）藏《集成》1628册。

（5）一桥大藏《集成》1628册。

（6）九州大学藏《集成》656册，存3955卷。分别为:《历法典》存卷九八至一四〇、《宫闱典》140卷、《岁功典》存卷五六至一一六、《乐律典》136卷、《食货典》存卷五八至三六〇、《神异典》320卷《边裔典》140卷、《戎政典》300卷、《乾象典》100卷、《禽虫典》192卷、《礼仪典》348卷、《皇极典》300卷、《庶征典》存卷五六至一八八、《交谊典》120卷、《闺媛典》376卷、《选举典》136卷、《山川典》320卷、《考工

---

[1] 网址: http://kanji.zinbun.kyoto-u.ac.jp/kanseki?detail。

典》存卷五六至二五二、《铨衡典》120卷、《祥刑典》180卷。

（7）日本国立公文书馆藏《古今图书集成图纂》40册。为公文书馆从丰后佐伯藩主毛利高标本，编者特别著录："疑是初刻集成之前试印图版者，彼此出入若干。"

（8）东京大学藏23册46卷，存《方舆汇编·职方典》卷一四一九至一四二二，《山川典》卷二二三、二二四，《明伦汇编·闺媛典》卷一一至一四，《官常典》卷三八一、三八二、三八五至三九〇、四〇五至四一六，《理学汇编·字学典》卷二一、二二、四一、四二、五九、六〇，《经济汇编·礼仪典》卷二四一、二四二、二四五。

（9）东京大学东方研究所藏《集成》20册40卷，存《乾象典》卷四七、四八，《官常典》卷七五三至七五八、七七五、七七六、七七九、七八〇、七九七、七九八，《艺术典》卷三六一至三六六、三六九至三八〇，《戎政典》卷二九、三〇、一二一至一二四，《祥刑典》卷七一、七二。

（10）关大（内藤文库）藏《集成》7册14卷,存《方舆汇编·职方典》卷五六五至五七八。

（11）东洋文库藏《集成》3册6卷，存《经济汇编·食货典》卷一九五、一九六、二一三、二一四、二四九、二五〇。

（12）高知大（小岛）藏《集成》1册2卷，存《皇极典》卷二一五、二一六。

（13）京大人文研藏《集成》1册2卷，存《山川典》卷二三、《考工典》卷五三。

（14）东京都立藏《集成》1册2卷，存《经济汇编·礼仪典》卷二八五、二八六。

（15）坂大外（石滨文库）藏《集成》1册2卷。

朝鲜。乾隆四十一年（1776），朝鲜正祖令使臣徐浩修、柳琏从北京琉璃厂书肆中用白银2150两购得铜版《集成》一部，藏于奎章阁。《朝鲜李朝实录中的中国史料》载："伏念《四库全书》实就《图书集成》广其规模，则先购《图书集成》，更待讫役，继购全书，未为不可。故问于序班等，觅出《古今图书集成》，共五千二十卷，五百二匣，给价银子二千一百五十两，今方载运。"[1]

---

[1] 吴晗：《朝鲜李朝实录中的中国史料》，中华书局，1980，第4647页。

第五章　多重视野下的集成馆与《古今图书集成》

20世纪初，奎章阁藏书并入汉城大学，汉城大学仍用"奎章阁"之名，收藏了这部分图书。

美国。耶鲁大学东亚图书馆共收藏东亚藏书35万余册，其中就有一部完整的铜版《集成》。光绪四年（1878），毕业于美国耶鲁大学的容闳重回美国，担任清政府驻美副公使。容闳是近代赴美留学并学成归国的第一人，出于对母校的感激之情，他将自己的1000余册珍贵藏书，连同一部铜版《集成》一并捐赠给母校，成为耶鲁大学图书馆汉籍收藏之滥觞。此外，据沈津《美国所见中国善本书志（5）》所言，哈佛燕京图书馆藏有一部铜版《集成》，其上钤有"重华宫宝""五福五代堂古稀天子宝""八徵耄念之宝"三玺。除哈佛外，普林斯顿大学葛思德东方图书馆收藏有一套完整的铜活字版《集成》（5020册），系美国人义理寿在中国所购。经笔者在普林斯顿大学访学期间目验，该套《集成》原函套装，装潢考究，其中存在配补，有文字挖改现象。每册首页均有"宁邸珍藏图书"朱文方印（宁郡王弘晈藏书印）、"恩福堂藏书印"白文方印（英和藏书印）及"葛思德东方文库"朱文方印。究其来源，知原为雍正赏赐给怡亲王允祥之书，后经允祥四子宁郡王弘晈、英和递藏，最后入藏葛思德东方文库。美国哥伦比亚大学东亚图书馆也有一册《集成》，为第249卷，属《皇极典》。

英国。1878年8月29日《纽约时报》转引8月13日《伦敦环球报》，报道了大英博物馆以1500英镑收购铜版《集成》的经过。这篇报道以《5020卷〈古今图书集成〉被大英博物馆收藏》为题，称"这部囊括5020卷的宏篇巨著是整个华夏文化的汇集"，其中提到："最近为大英博物馆图书馆购买的清国《古今图书集成》，理应是一项我们占便宜的交易。无论是从篇幅和重量上讲，麦考雷为某名人私人藏书所做的事都无法与我们为大英博物馆所做的这件事相提并论。不管怎样，用1500英镑换来包括5020卷的一部大百科全书，一听就是划算的事。如果不是我们在购买这套书时的情况比较特殊，这件作品毫无疑问可要贵多了。看起来，我们驻北京公使馆的秘书麦尔斯先生在同清国人谈判时，不但极其谨慎守密，同时，也绝不能泄露这套百科全书是卖给外国人这个事实，甚至连卖主

第五章　多重视野下的集成馆与《古今图书集成》

本人也不能让他知道。"[1] 据查，这部铜版《集成》目前仍收藏在大英图书馆东方书稿图书部。

德国和法国。1898年5月15日上海《集成报》转引《巴黎辩论报》报道称："德京柏林大博物院以千五百佛郎购中国《古今图书集成》一部。是书者，不止拍卖一部，巴黎大书院去岁自上海得是书，装订运费共八百五十佛郎。"[2] 由此可知光绪末年德国、法国曾先后于1897年、1898年购买两部铜版《集成》，且所费不菲。今法国国家图书馆网站开放阅览资源中，有《草木典》《食货典》多册，从书影看是铜活字版竹纸《集成》，而是否有完整的一套，则尚待考证。

其他国家。据说德国柏林图书馆、苏联图书馆均藏有铜版《集成》，至于其具体收藏地和存佚情况，则有待进一步考证。笔者相信，随着世界各大图书馆文献资源的愈加开放，不排除我们再发现《集成》的可能。

---

[1] 转引自郑曦原等编译：《帝国的回忆：〈纽约时报〉晚清观察记》，生活·读书·新知三联书店，2001，第103—104页。

[2] 1898年《集成报·海外琅嬛》转引《巴黎辩论报》。

(三)铜版《集成》现存情况及收藏地考

关于铜版《集成》的现存情况,学界研究颇多,说法不一,主要有以下诸家之说:

1. 杨玉良《〈古今图书集成〉考证拾零》认为留存12部,分别是:北京故宫图书馆1部(原藏盘山行宫静寄山庄),台北故宫博物院3部(原藏文渊阁、乾清宫、皇极殿),北京图书馆1部(原藏文津阁),上海图书馆、杭州图书馆、浙江范氏天一阁、南浔嘉业堂各1部,伦敦、巴黎、柏林各1部。[1]

2. 沈津《美国所见中国善本书志(5)》认为共有13部:北京图书馆(全帙)、中国科学院图书馆(全帙)、甘肃省图书馆(全帙)、徐州市图书馆(全帙)、台湾"中央"图书馆(全帙)[2]、台北故宫博物院3部(全帙)、哈佛大学燕京图书馆(全帙)、普林斯顿大学葛思德东方图书馆(全帙)、英国大英博物院、法国巴黎国家图书馆、德国柏林图书馆(全帙)。此外还有一

---

[1] 杨玉良:《〈古今图书集成〉考证拾零》,《故宫博物院院刊》1985年第1期,第34页。
[2] 经笔者查考,台湾"中央"图书馆并没有一部完整的铜版《集成》。

第五章 多重视野下的集成馆与《古今图书集成》

些不全版本：天一阁（8520卷）、哥伦比亚大学图书馆（《皇极典》第249卷）、上海图书馆（缺12册）、辽宁省图书馆（残）、故宫博物院（残）[1]。

3. 裴芹《今存雍正版〈古今图书集成〉知多少》综合各家之说，重新发掘资料，统计为24部[2]，此统计包括残缺者及传闻之书。

实际上，以上诸家统计仍有缺漏。笔者就自己所见，重新梳理铜版《集成》递藏的相关信息，期于对学界以往的统计有所补充。

就完帙铜版《集成》而言，1933年，陶湘所编《故宫殿本书库现存目》载，故宫所藏《集成》的情况为："文渊阁藏一部（太史连纸）完全无阙；乾清宫藏一部（开花纸）内缺一册，有夹签（光绪二十六年八月初四日洋人拿去一本，即联军入京时事）；皇极殿藏一部（开花纸内有抄配数十篇，亦完全者），又一部（太史连纸，钤"静寄山庄"玺，缺职方典卷八百二十一至

---

[1] 沈津：《美国所见中国善本书志（5）》，《图书馆杂志》1989年第1期，第57页。
[2] 裴芹：《今存雍正版〈古今图书集成〉知多少》，《书品》2000年第4期，第93页。

二十二两卷〈计一册〉)。今皆移贮本库。"[1]除了运往台湾三部(文渊阁、乾清宫、皇极殿)外,钤"静寄山庄"玺之《集成》今存北京故宫博物院图书馆。

1936年,张崟所作《古今图书集成再考》一文附有"古今图书集成佚存表",详细梳理了当时铜版《集成》的存藏情况。据该文统计,故宫博物院殿本书库藏四部:太史连纸(即竹纸)一部(旧藏文渊阁,完全无缺),太史连纸又一部(旧藏皇极殿,钤有静寄山庄,内缺《职方典》卷八二一和八二二、两卷一册),开化纸一部(旧藏乾清宫,内缺一册),开化纸又一部(旧藏皇极殿,内有缺,抄配数十篇)。国立北平图书馆藏开化纸一部(旧藏京师图书馆)。浙江省立图书馆藏两部:开化纸一部(旧藏鲍氏知不足斋,内有抄配238册,另两册:抄补半册,又一册抄数页),太史连纸一部(文澜阁旧藏本,残存330册)。山东省立图书馆一部(见该馆书目)。云南省立图书馆[2]一部[前清部颁,见民国四年(1915)该馆书目初编]。歙县某氏一部(御

---

[1] 陶湘:《故宫殿本书库现存目》,故宫博物院1933年铅印本,第349—351页。
[2] 疑此部为同文书局版而非铜版。

第五章 多重视野下的集成馆与《古今图书集成》

赐,据夏君朴山称,闻之于杭州书贾)。伪满洲国立图书馆一部(旧为张学良所藏,见浙江省立图书馆馆刊二卷第四期)。文溯阁开化纸一部。日本静嘉堂文库零本二卷一册。上海中华书局藏开化纸一部(旧藏南海孔氏岳雪楼,内有抄配62册,为该局近来影印本之底本)。南浔刘氏嘉业藏书楼藏开化纸一部。上海商务印书馆藏黄纸一部(购北平富晋书店,据丁辅之说,内缺300余册)。杭州邓氏可园藏开化纸一部(据林同庄说)。北平富晋书社藏太史连纸一部(据丁辅之云,内缺20余册)。[1]

陶湘和张鋆两人的统计时间截至20世纪30年代。经过近百年的流播,今天留存的铜版《集成》又是什么情况?

根据《第一批国家珍贵古籍名录图录》[2]和《第二批国家珍贵古籍名录图录》[3],国内共九家单位藏有《集成》,具体为:甘肃省图书馆一部(有"文溯阁宝"

---

[1] 张鋆:《古今图书集成再考》,《新中华》1936年第4期,第23—24页。
[2] 中国国家图书馆、中国国家古籍保护中心编:《第一批国家珍贵古籍名录图录》,国家图书馆出版社,2008。
[3] 中国国家图书馆、中国国家古籍保护中心编:《第二批国家珍贵古籍名录图录》,国家图书馆出版社,2009,第240页。

等印），故宫博物院一部（存9998卷、目录40卷，有"重华宫宝"等印[1]），南京博物院一部（有"文津阁宝"等印），陕西省图书馆一部（有补配，存9264卷），宁波天一阁一部（毛装，存8243卷、目录22卷），徐州市图书馆一部（有"冀县王富晋印"等印，配光绪七年抄本），中国中医科学院图书馆一部，山东省图书馆一部[2]（太史连纸，存8913卷、目录32卷）[3]，辽宁省图书馆一部。

国家珍贵古籍名录图录所收录的铜版《集成》还有遗漏。经笔者爬梳，国内尚未为国家珍贵古籍名录图录收录的铜版《集成》仍有两部，长期以来不为学界所知。

一部即藏于国家图书馆古籍馆。《北京图书馆古籍善本书目》所著录的铜版《集成》只有一部，即文津

---

[1] 从故宫博物院图书馆的介绍和名录著录的图录看，该部《集成》另有"静寄山庄"印。

[2] 根据《山东省图书馆馆藏珍品图录》，该部《集成》为太史连纸，有山东省图书馆珍藏印，见山东省图书馆编：《山东省图书馆馆藏珍品图录》，齐鲁书社，2009，第67页。

[3] 中国国家图书馆、中国国家古籍保护中心编：《第一批国家珍贵古籍名录图录》，国家图书馆出版社，2008，第131页。

第五章 多重视野下的集成馆与《古今图书集成》

阁原藏。对于此书的来源,国家图书馆前身——京师图书馆有关档案(《教育部总务厅通知京师图书馆定期派员到部领取〈古今图书集成〉函》,1913年9月12日)显示:"贵馆请将本部所藏《古今图书集成》拨给一部。是书共装六十六箱,外带箱架十二个。昨已由部指令照拨,希即订期派员来部领取。"[1] 事实上,国图除了收藏有原文津阁所藏铜版《集成》外,尚有一部5018册的铜版《集成》[2](缺四卷:《职方典》卷四八五至四八六、《皇极典》卷二四一至二四二),该铜版《集成》明确著录为铜活字本,但长期以来不为学界所知。经笔者调阅,此部《集成》最后一函的末端钤有"虞阳鲍叔衡过眼"。叔衡为江苏常熟鲍廷爵之字,可知该部《集成》原为鲍廷爵所藏。

鲍廷爵曾任浙江候补知县,喜好藏书,建有"后知不足斋"藏书楼,著有《舆地形势论》《古今碑帖考》《金石订例》等书。藏书印有"海虞鲍氏珍藏金石书画

---

[1] 此档案转引自裴芹:《铜活字版〈古今图书集成〉流存玉屑》,网址:http://blog.sina.com.cn/s/blog_446e04120100y3ra.html。

[2] 据国家图书馆古籍馆谢冬荣副馆长介绍,此部《集成》由北海图书馆移交。

之章""海虞鲍氏珍藏印""虞阳鲍叔衡过眼"。值得注意的是，鲍廷爵与曾御赐得到铜版《集成》的鲍廷博为同族，鲍廷爵景慕鲍廷博，遵照鲍廷博《知不足斋丛书》旧例刻《后知不足斋丛书》。因此可以推断，他所收藏的铜版《集成》很有可能来自鲍廷博原藏。据有关资料，文澜阁1861年遭太平军焚毁后，光绪年间曾购入鲍廷博所得铜版《集成》。1937年该部《集成》还与文澜阁《四库全书》一起转运至龙泉，不知为何它后来会流散至北海图书馆，最后又被移交给中国国家图书馆。与郑振铎藏《集成》一样，它也多处存在挖补钤盖。

另外一部《集成》今藏军事科学院图书馆[1]，它的具体来源已无从查考。此外，湘潭大学图书馆网站称，藏有完整的铜版《集成》522函6117册，系北京大学所赠，不知是否确实。如果排除此部，就目前而言，较为完整的铜版《集成》大陆有15部，台湾有3部[2]，海外有6部，总计24部（参见表七）。

---

[1] 参见军事科学院图书馆网站介绍，亦见中国古籍保护网，网址：http://jskxgj.tsk.libsou.com/node/256.jspx。

[2] 关于这三部《集成》的著录，参见《国立故宫博物院善本旧籍总目》，第872页。

第五章 多重视野下的集成馆与《古今图书集成》

表七：海内外现存铜版《集成》部数一览表

地区	部数	收藏情况	备注
中国大陆	15部	国家图书馆（2部）故宫博物院、南京博物院、甘肃省图书馆、陕西省图书馆、徐州市图书馆、山东省图书馆、辽宁省图书馆、军事科学院图书馆、中国中医科学院图书馆、天一阁、上海图书馆、杭州图书馆、嘉业堂（各1部）	湘潭大学图书馆所藏有待进一步查考，暂未列入；嘉业堂所藏残较为严重，只剩3680册，缺2818卷
中国台湾	3部	台北故宫博物院（3部）	
海外	6部	哈佛大学燕京图书馆、普林斯顿大学葛思德东方图书馆、耶鲁大学图书馆、大英博物馆、法国国家图书馆、德国柏林图书馆	俄罗斯所藏有待进一步查考，暂未列入
总计	24部		

就铜版《集成》零本而言，虽是吉光片羽，亦弥足珍贵。《山东大学图书馆古籍善本目录》载，山东大学图书馆藏有《集成》2册1函，为《经济汇编·祥刑典》卷九至一二[1]。《浙江省博物馆藏古籍书目》载，藏有《忠烈传》3册19卷,《文学典》123卷,《经济汇编·戎

---

[1] 山东大学图书馆编:《山东大学图书馆古籍善本目录》,齐鲁书社,2007，第247页。

政典》1册(黄宾虹捐)、卷七至卷一一[1]。《中国历史博物馆藏普通古籍目录》载,藏有《博物汇编·草木典》2册、卷一一一至卷一二〇,《理学汇编·字学典》卷二七、卷二八、卷一一九、卷一二〇,《明伦汇编·氏族典》卷三〇五至三〇六[2]。除此之外,历史博物馆还收藏有《古今图书集成图》110册。《清防阁·蜗寄庐·樵斋藏书目录》之《蜗寄庐藏书目录》载,藏有《集成》4册8卷,分别是《理学汇编·经籍典》卷五五九至卷五六〇,《理学汇编·字学典》卷一〇七至卷一〇八、卷一五七至卷一六〇[3],为孙定观捐献给宁波天一阁博物馆,多系天一阁、卢氏抱经楼等旧藏。《西谛藏书善本图录》收录有《古今图书集成图》16册,应系郑振铎原藏,后捐赠给北京图书馆(今国家图书馆)[4]。

[1] 浙江省博物馆编:《浙江省博物馆藏古籍书目》,上海辞书出版社,2006,第76页。
[2] 中国历史博物馆图书资料信息中心编:《中国历史博物馆藏普通古籍目录》,北京图书馆出版社,2002,第307页。
[3] 天一阁博物馆编:《清防阁·蜗寄庐·樵斋藏书目录》,上海辞书出版社,2010,第113页。
[4] 国家图书馆古籍馆编:《西谛藏书善本图录》,中华书局,2008,第51页。

第五章 多重视野下的集成馆与《古今图书集成》

通过检索高校古籍资源数据库发现,河南大学藏有《集成》3册,分别为:《方舆汇编·职方典》卷三八七至卷三八八,《博物汇编·艺术典》卷六二七、卷六二八、卷六七一。中山大学1册。南开大学10册(1函),为《博物汇编·艺术典》卷五四一至卷五六〇[1]。北京师范大学图书馆1册。根据上海图书馆古籍书目数据库,该馆藏有残本《集成》1部,开化纸5008册,缺24卷,内73卷半抄配[2]。江西农业工程职业学院图书馆网站介绍,珍藏有清代铜版《集成》1581册[3]。首都图书馆网站称,藏有《集成》1册(《考工典》卷二二五)[4]。检索南京图书馆书目数据库,有铜版《集成》2册;又1册,存2卷(卷一六三至一六四)。《古今图书集成图录》35册[5]。

关于存留于世的几部《集成》的递藏史,笔者另外

---

[1] 高校古籍资源数据库网址:http://rbsc.calis.edu.cn/aopac/controler/main。

[2] 网址:http://search.library.sh.cn/guji/。

[3] 网址:http://www.jxaevc.gov.cn/library/ShowArticle.asp?ArticleID=80。

[4] 网址:http://query.clcn.net.cn/PubQueryCls.ASP?WCI=GJShowDetail&WCE=%202%2327190。

[5] 网址:http://www.jslib.org.cn/。

寻找到些许蛛丝马迹。徐州市图书馆所藏铜版《集成》原为冀县王富晋收藏，上有富晋书社的印章。"富晋书社"开设在北京琉璃厂，由书商王富晋经营。书法家张伯英与王富晋彼此熟悉，从他那里洽购了一批古籍，其中就包括一部铜版《集成》，该部《集成》后入藏徐州市图书馆，因个别册数缺失，补配光绪七年（1881）抄本。王富晋曾出版《钦定古今图书集成提要》一书，是为售卖铜版《集成》而作的介绍。按该《提要》，富晋书社藏有铜版《集成》一部，内有25本为补抄，售价25 000元。此部《集成》就是徐州市图书馆所藏之本。

陕西省图书馆收藏铜版《集成》的经过颇为曲折。根据杨居让《陕西省图书馆〈古今图书集成〉收藏始末》[1]一文的介绍，乾隆帝赐给军机大臣王杰，王杰告老还乡后，赠送给同州府的丰登书院，丰登书院后划归同州府中学堂。1931年，同州府中学堂成立第二师范学堂，保管《集成》。几经流转，最后藏于陕西省图书馆。该《集成》有部分残缺，总目卷一至卷二，《方舆汇编·职方典》卷八九七至卷八九八，《博物汇编·艺

---

[1] 杨居让：《陕西省图书馆〈古今图书集成〉收藏始末》，《图书与情报》2005年第4期，第118—120页。

第五章　多重视野下的集成馆与《古今图书集成》

术典》卷五八五至卷六二〇,《博物汇编·草木典》卷二三三至卷二三四、卷二六一至卷二六二配清光绪十年(1884)抄本。根据资料,山东省图书馆存有残本《集成》两部,且两部都残缺严重。雍正帝曾先后赐予山东书院和衍圣公铜版《集成》各一部,这可能是山东省图书馆所藏《集成》的来源。

甘肃省图书馆所藏铜版《集成》与著名的《四库全书》一起原藏于文溯阁。民国五年(1916),《集成》由奉天运入北京,存于故宫保和殿,交内务府管理。民国十四年(1925),又迁回奉天。九一八事变后,被日军封存。抗战胜利后,由东北图书馆接管。1966年,根据中央文化部办公厅"文厅图字24号"公函指示,与文溯阁《四库全书》拨交甘肃省图书馆收藏。

除了公藏《集成》外,拍卖市场中所出现的铜版《集成》也值得我们关注。20世纪90年代古籍拍卖开始后,铜版《集成》零本便屡见不鲜,其中不少是从宫中或名家中流散而出。对此类《集成》零本进行总结和梳理十分必要。笔者挑选近30年来拍卖市场所见铜版《集成》,择要列表如下,以明其递藏源流:

表八：拍卖市场所见铜版《集成》重要零本（1994—2015）[1]

序号	拍卖时间	拍卖单位/拍卖会名称	数量与卷册	钤印装潢	拍卖价（元）	来源
1	1994-04-21	中国书店	2卷1册，《官常典》卷三三一至三三二	宫内原装黄绫题签	1500	宫中
2	1997-04-19	中国嘉德国际拍卖有限公司	8册	钤印：恭亲王章、正谊书屋珍藏图书	估价8000—10 000	清宫赏赐奕䜣之物
3	1997-06-08	上海朵云轩拍卖有限公司97春季艺术品拍卖会	《神异典》6册	钤印：正谊书屋珍藏图书（朱）、恭亲王章（白）	估价12 000—18 000	清宫赏赐奕䜣之物
4	1998-10-29	中国书店	《官常典》2册4卷，卷三三三至三三六	宫内原装黄绫题签	8000	
5	1999-06-05	上海朵云轩拍卖有限公司	4册	钤印：恭亲王章、正谊书屋珍藏图书	7700	清宫赏赐奕䜣之物
6	1999-06-06	上海朵云轩拍卖有限公司99春季艺术品拍卖会	《神异典》卷三一〇	钤印：正谊书屋珍藏图书（朱）、恭亲王章（白）	估价12 000—18 000	清宫赏赐奕䜣之物

---

[1] 此表的编制参考了裴芹《只鳞片羽亦光辉——拍卖市场上的铜活字〈古今图书集成〉》一文，特此致谢。

第五章 多重视野下的集成馆与《古今图书集成》

续表

序号	拍卖时间	拍卖单位/拍卖会名称	数量与卷册	钤印装潢	拍卖价	来源
7	2000-08-27	中国书店	1册	钤印：重华宫宝、五福五代堂古稀天子宝、八徵耄念之宝	46 000	重华宫原藏
8	2001-11-04	中国嘉德国际拍卖有限公司2001秋季拍卖会	《皇极典》卷二八一	钤印：朱师辙观、飞云阁藏书印		朱师辙原藏
9	2001-11-04	中国嘉德国际拍卖有限公司2001秋季拍卖会	1册	钤印：重华宫宝、五福五代堂古稀天子宝、八徵耄念之宝	5720	重华宫原藏
10	2002-04-22	中国书店	1册	钤印：重华宫宝、五福五代堂古稀天子宝、八徵耄念之宝	46 000	重华宫原藏
11	2002-04-22	中国书店	1册《乾象典》卷三九至四〇	钤印：克家藏书	4200	
12	2003-07-13	中国嘉德国际拍卖有限公司2003夏季艺术品拍卖会	《明伦汇编·官常典》4册	钤印：长乐郑振铎西谛藏书	估价5000—6000	郑振铎藏

续表

序号	拍卖时间	拍卖单位/拍卖会名称	数量与卷册	钤印装潢	拍卖价	来源
13	2003-08-19	上海朵云轩拍卖有限公司2003夏季艺术品拍卖会	《明伦汇编·官常典》卷四九九至五〇〇	钤印:长乐郑振铎西谛藏书;太史连纸,1册	估价6000—7000	郑振铎藏
14	2003-12-14	北京万隆拍卖有限公司2003年冬季艺术品拍卖会	图2册,相宅之属	光绪间同文书局石印本底本——描润本	估价18 000—25 000	清华大学原藏
15	2004-07-25	孔夫子旧书网	《文学典》卷八七至八八	钤印:"永年经眼"白文朱印,宫内原装黄绫题签,太史连纸	9100	黄永年旧藏
16	2004-11-07	中国书店	《岁功典》卷六三至六四	钤印:香九藏书、古芬楼藏书章		
17	2006-09-11	中安太平(北京)国际拍卖有限公司2006秋季拍卖会	10册,《理学汇编·文学典》卷一至二〇	开化纸	估价250 000—300 000	
18	2006-11-12	上海国际商品拍卖有限公司2006年秋季艺术品拍卖会	《经济汇编·食货典》卷八三至八四	钤印:中央民族学院图书馆藏书	估价10 000—15 000	

第五章 多重视野下的集成馆与《古今图书集成》

续表

序号	拍卖时间	拍卖单位/拍卖会名称	数量与卷册	钤印装潢	拍卖价	来源
19	2007-12-23	上海博古斋拍卖有限公司2007年冬季拍卖会	《博物汇编·艺术典》卷六七至六八	钤印：臣卢荫溥恭藏		卢荫溥（1760—1839），字南石，山东德州人
20	2011-7-18	西泠印社2011年夏季艺术品拍卖会古籍善本专场	《明伦汇编·闺媛典》，存7册29卷：卷三三三至三三六，卷三四一至三四八，卷三六一至三七六	钤印："竹素园丁"（白文）、"乐亭史氏图书之记"（朱文）、"早知穷达有命恨不十年读书"（白文）		史梦兰（字香崖，号砚农，又号竹素园丁），同治三年（1864）购自北京
21	2012-04-21	北京德隆宝国际拍卖有限公司2012年春季艺术品拍卖会	《明伦汇编·官常典》卷五〇二	阳湖陶氏涉园所有书籍之记，放愦楼		陶湘原藏
22	2013	北京美三山拍卖有限公司2013古籍精品拍卖会	《明伦汇编·闺媛典》，存卷三五〇	钤印："竹素园丁"（白文）、"乐亭史氏图书之记"（朱文）、"早知穷达有命恨不十年读书"（白文）		史梦兰（字香崖，号砚农，又号竹素园丁），同治三年（1864）购自北京

续表

序号	拍卖时间	拍卖单位/拍卖会名称	数量与卷册	钤印装潢	拍卖价	来源
23	2013-05-26	北京泰和嘉成拍卖有限公司2013年春季艺术品拍卖会	10册,存《博物汇编·草木典》卷一八五至一八六,卷一九三至一九六;《博物汇编·艺术典》卷二八一至二八二,卷四三三至四三四;《理学汇编·学行典》卷一〇一至一〇二,卷一〇五至一〇八,卷二〇一至二〇二;《理学汇编·字学典》卷三三至三四		估价80 000—150 000	

第五章 多重视野下的集成馆与《古今图书集成》

续表

序号	拍卖时间	拍卖单位/拍卖会名称	数量与卷册	钤印装潢	拍卖价	来源
24	2013-11-24	北京德宝国际拍卖有限公司2013年秋季古籍文献拍卖会	《艺术典》，10册20卷：存《经济汇编·乐律典》卷一三至一六，卷二一至二二；《经济汇编·食货典》卷二七至二八，卷三七至四〇；《经济汇编·选举典》卷四九至五二；《博物汇编·艺术典》卷五二七至五二八，卷五三三至五四四	封面书签存，左下镌有"喻义堂珍藏"字样；开化纸	150 000	
25	2013-12-15	北京卓德2013年冬季古籍拍卖会	《理学汇编·经籍典》1册，卷一〇一至一〇二	存内府原签，钤印："礼部官书"	8000	礼部
26	2015-12-24	天津瀚雅今古斋2015冬季古籍善本拍卖会	《经济汇编·考工典》1函7册，存卷六五至七八	开化纸		

总结与思考

一、总结

通过以上论述,笔者期望借助前人的研究在如下几个方面取得新的突破:

1. 重新辨析陈梦雷所纂《汇编》的相关问题。《汇编》是《集成》的雏形,当时从体例上就已经确立了三级类目体系,为后来成书的《集成》所沿用。但从《汇编》到《集成》,又有较大不同。《汇编》是在陈梦雷私修作品基础上诚亲王府资助编辑的半官方成果,《集成》则是康熙皇帝下令成立集成馆,完全由官方开馆修书的成果,两者性质不同。笔者从进呈时机选择、纂修人员履历等方面综合考量,认为《汇编》进呈的时间应为康熙五十五年三月间。

2. 明确提出集成馆的开馆时间和开馆地点。根据文献记载和纂修人员的最长在馆时间（九年六个月），确定集成馆于康熙五十五年开馆。通过分析黄任的《题集成馆纂修图》以及纂修人员在武英殿集成馆修书的大量记载，判定集成馆开馆地点在内府的武英殿。

3. 考证了康、雍两朝集成馆纂修《集成》的进度及成效。雍正即位后，清洗原集成馆部分纂修人员，集成馆纂修工作短暂中断，而后二次开馆。笔者据此将集成馆明确划分为康熙朝集成馆和雍正朝集成馆两个阶段。从纂修成效看，康熙朝集成馆在康熙五十五年至康熙五十八年短短的三年时间内已经基本完成《集成》的全部编纂工作，至康熙六十一年已刷印9621卷，完成全书96.2%的刷印工作，平均每月至少刷印267卷。也就是说，再给陈梦雷一个多月的时间，全书的排版刷印工作就可全部结束。应该说，康熙朝集成馆纂修力度之大，速度之快，都是可圈可点的。相比较而言，雍正朝集成馆主要负责对《集成》的文字进行政治审查，对已刷印的部分进行校正，做一些技术性的处理，完成未刷印部分的刷印，并折页装订。《集成》中的一些挖补痕迹，可能是蒋廷锡到馆后所为；蒋廷锡在《〈古今图书集成〉纂校已竣请旨照例议叙修书人员折》中称，"补未纂三千余卷，改编十六万余篇"，似有夸大之嫌。雍正朝集成馆虽然做的是收尾工作，但对《集成》的校订和刷印功不可没，应该给予客观评价。

4. 全面揭示了集成馆的管理机制和纂修人员的分工情况。从集成馆实际运作情况看，设立了监修、总裁、副总裁、领袖纂修等职。其余纂修人员各有分工，《集成》各典、部由专人分修，专人负责誊录、校阅、绘图和刷印工作。笔者首次整理出集成馆纂修人员的完整名单，并在对他们的生平履历、学养等进行深入分析后发现，纂修人员是动态流动的，很多是总裁陈梦雷的亲戚子侄、门生故吏。集成馆在挑选纂修人员方面带有明显的个人喜好，纂修人员基本上是身份低微的举、贡生员。

5. 利用第一手档案，论证了内府铜活字的制作机构、数量、制作经费及去向。笔者最新发现的档案表明，铜字馆是集成馆的别称，康熙五十五年（1716），为编纂、刷印万卷《集成》，康熙帝应陈梦雷的请求在武英殿设立铜字馆，制作大小铜活字，数量总计达100余万个。这批铜活字后收存于武英殿铜字库，并由专人监管。乾隆九年（1744），乾隆帝允准和亲王弘昼奏请，将1 015 433个有字铜活字交给铸炉处，后全部熔化用以铸佛，并将188 404个大小无字铜子送给和亲王铸造铜陈设。

6. 探讨了康熙末年皇位继承对集成馆兴废的影响。开馆于康熙、复开于雍正的集成馆历经两朝，时间长达十余年，前后参与纂修的人员多达90余人，而其修书的具体过程和细节却因为政治与时代的变迁而隐晦不彰。此外，笔者还讨论了从《集成》编纂到《四库》编纂的转换与清代学术风气转向的关系，梳理了近三百年《集成》的流通情况，发现60余部《集成》刻成后雍正即颁发、赏赐，乾隆朝时继续颁发并将雍正年间赏赐之《集成》陆续回缴。《集成》自乾隆时期已经陆续流传到海外，促进了中外文化交流。现存铜版《集成》已经不多，分藏于海内外各大图书馆和私人收藏场所。

二、思考

本书写作过程中,有关集成馆尚有若干问题需要进一步思考,在此就教于方家。

1. 关于《集成》的性质。许多学者认为,无论是在《汇编》还是《集成》的编纂过程中,陈梦雷都发挥了至关重要的作用:或发凡起例,或总裁集成馆。虽然陈梦雷不及《集成》告成,已遭雍正帝二次流放,《集成》最后署名为蒋廷锡等人,但必须承认《集成》的成书与陈梦雷关系极大。《集成》带有明显的个人色彩,应该被归为私纂,现在很多目录书也将《集成》著录为"陈梦雷纂"。而通过研究集成馆在纂修《集成》中所起的作用,笔者重新探讨了《集成》的性质,认为《集成》的雏形——《汇编》虽为陈梦雷独立编纂,但集成馆开馆后,利用官方所特有的强大的政治、经济和文化资源,《集成》才得以迅速告成并最终实现铜活字刊印,官方因素在此过程中也起到了关键性作用。官修乎?私修乎?或者二者兼而有之?值得我们进一步探究。

2. 传教士是否参与了《集成》铜活字的制作？张秀民引法国汉学家儒连的说法，称康熙帝正是听从了欧洲传教士的建议，命刻造铜活字25万余个[1]。徐浣在《我国之纸及印刷》中说："康熙时为印《图书集成》，曾命传教士加萨秀特铸造二十五万枚铜活字。"[2] 经笔者查阅，加萨秀特即为德国来华传教士戴进贤的音译。戴进贤（1680—1746），字嘉宾，原名 Ignatius Kgler，德国耶稣会来华传教士，16岁进耶稣会初修院，来华前曾在因戈尔施塔特大学教授数学与东方语言。康熙五十四年（1715）到中国，应康熙之召，康熙五十五年（1716）一月抵达北京，佐理历政。根据档案，戴进贤与允祉多有来往。戴进贤来华时，正值清廷对耶稣会士态度由宽容转为严厉之际，雍正元年的禁教令把大多数耶稣会士都赶到了澳门，而他则凭借天文学特长，得以留用清廷，先后参与、主持编纂《历象考成》《历象考成后编》《黄道总星图》《仪象考成》等天

---

[1] 儒连的说法参见英国翟斯理《钦定古今图书集成索引》，1911年伦敦出版，转引自张秀民：《清代的铜活字》，载《张秀民印刷史论文集》，印刷工业出版社，1988，第252页。

[2] 徐浣：《我国之纸及印刷》，《报学季刊》1935年第2期，第169页。

文类内府书籍。雍正三年（1725）授钦天监监正，加礼部侍郎衔，任职钦天监达29年之久。应该说，戴进贤来华的时间和经历，都使得他具备参与铜活字制作及刻印的条件。1878年8月29日《纽约时报》转引8月13日的《伦敦环球报》，报道了大英博物馆入藏铜活字本《集成》的经过并介绍了清廷编纂这部书的情况，其中提到"一个专门由学者组成的委员会被任命负责所有清国文献著作的审阅和校对工作。与此同时，基督教会的传教士们被雇请来进行大量铜版印刷工作。……雍正是康熙皇位的继承人，他即位之初最引人注目的事就是遣散了参与全书编纂工作的外国传教士，他认为这些传教士是危险和不忠诚的一伙人。但他并没有遣散所有的传教士，而是留下了几位在继续编纂工作中必不可少的人，诸如印刷等工作必须由他们来完成"[1]。就目前收集到的史料情况看，认为外国传教士确实参与了铜活字的制作，为时尚早，只能期待学界对此展开更加深入的研究。

  3.关于集成馆各典的分纂人员。笔者在考察集成

---

[1] 转引自郑曦原等编译：《帝国的回忆：〈纽约时报〉晚清观察记》，生活·读书·新知三联书店，2001，第105页。

馆运作机制的过程中，爬梳了《集成》部分典、部的分纂人员，如金门诏分纂《理学汇编·经籍典》500卷，杨绾分纂《经济汇编·乐律典》136卷和《理学汇编·字学典》160卷，马璞分纂《明伦汇编·闺媛典》376卷，王颖梁分纂《经济汇编·戎政典·兵制部》80卷。至于其余各典由谁负责，目前由于文献阙如，依然模糊不清，只能以俟将来依据新出文献档案展开进一步研考。

参考资料

一、档案

[1] 故宫博物院明清档案部编:《清代档案史料丛编》,北京:中华书局1978年版。

[2] 中国第一历史档案馆编:《康熙朝汉文朱批奏折汇编》,北京:档案出版社1985年版。

[3] 中国第一历史档案馆编:《雍正朝汉文朱批奏折汇编》,南京:江苏古籍出版社1991年版。

[4] 中国第一历史档案馆编:《雍正朝起居注册》,北京:中华书局1993年版。

[5] 中国第一历史档案馆编:《康熙朝满文朱批奏折全译》,北京:中国社会科学出版社1996年版。

[6] 秦国经主编:《中国第一历史档案馆藏 清代官员履历档案全编》,上海:华东师范大学出版社1997年版。

[7] 中国第一历史档案馆编:《纂修四库全书档案》,上海:上海古籍出版社1997年版。

[8] 中国第一历史档案馆编:《雍正朝满文朱批奏折全译》,合肥:黄山书社1998年版。

[9] 中国第一历史档案馆编:《乾隆帝起居注》,桂林:广西师范大学出版社2002年版。

[10] 《清代吏治史料》,北京:线装书局2004年版。

[11] 翁连溪编:《清内府刻书档案史料汇编》,扬州:广陵书社2007年版。

[12] 中国第一历史档案馆编:《雍正朝汉文谕旨汇编》,桂林:广西师范大学出版社2008年版。

[13] 中国第一历史档案馆、香港中文大学编:《清宫内务府造办处档案总汇》,北京:人民出版社2009年版。

[14] 大连图书馆编:《大连图书馆藏清代内务府档案》,北京:国家图书馆出版社2010年版。

[15] 《武英殿刻书处报销档案》,清道光二十年

(1840)武英殿修书处抄本,国家图书馆古籍馆藏。

[16] 中国第一历史档案馆藏《内务府奏销档案》。

[17] 中国第一历史档案馆藏《雍、乾朝录副奏折》。

[18] 中国第一历史档案馆藏《军机处上谕档》(雍、乾朝)。

[19] 中国第一历史档案馆藏乾隆朝《内务府银库用项月折档》。

[20] 故宫博物院图书馆藏《盘山行宫收存书籍清册》,清咸丰内府抄本。

[21] 故宫博物院图书馆藏《懋勤殿书目》,清光绪年抄本。

[22] 故宫博物院图书馆藏《安毓庆宫宛委别藏书目》,清内府抄本。

二、官书典籍

[1] 〔清〕萧奭:《永宪录》,北京:中华书局1959年版。

[2] 〔清〕陈梦雷:《闲止书堂集钞》(清人别集丛刊),上海:上海古籍出版社1979年版。

[3]〔清〕吴长元:《宸垣识略》,北京:北京古籍出版社1981年版。

[4]〔清〕鄂尔泰、张廷玉等编:《国朝宫史》,北京:北京古籍出版社1994年版。

[5]〔清〕庆桂等:《国朝宫史续编》,北京:北京古籍出版社1994年版。

[6]〔清〕郭则沄:《十朝诗乘》,卞孝萱、姚松点校,福州:福建人民出版社2000年版。

[7]〔清〕陈梦雷:《松鹤山房文集》,载续修四库全书编委会编:《续修四库全书》第1415册,上海:上海古籍出版社2002年版。

[8]〔清〕陈梦雷:《松鹤山房诗集》,载续修四库全书编委会编:《续修四库全书》第1416册,上海:上海古籍出版社2002年版。

[9]〔清〕龚显曾:《亦园脞牍》,清光绪四年(1878)诵芬堂木活字本。

[10]〔清〕包世臣:《安吴论书》,思进斋丛书第2集,清光绪九年(1883)刻本。

[11]〔清〕昆冈等纂:《钦定大清会典事例》,清光绪二十五年(1899)石印本。

[12]〔清〕屈复:《弱水集》,清乾隆七年(1742)刻本,国家图书馆古籍馆藏。

[13]〔清〕程可式:《来山堂文钞》,清乾隆十二年(1747)刻本,国家图书馆古籍馆藏。

[14]〔清〕黄子云:《长吟阁诗集》,清乾隆刻本,国家图书馆古籍馆藏。

[15]〔清〕金门诏:《金东山文集》,清乾隆刻本,国家图书馆古籍馆藏。

[16]〔清〕金门诏:《全韵诗》,清乾隆刻本,国家图书馆古籍馆藏。

[17]〔清〕黄任:《香草斋诗集》,清乾隆刻本,国家图书馆古籍馆藏。

三、方志、年谱、家谱

[1]《中国方志丛书》,台北:台北成文出版社1966年—1985年版。

[2]《中国地方志集成》,南京:江苏古籍出版社、上海:上海书店、成都:巴蜀书社2005年版。

[3]〔清〕吴鳌:乾隆《博野县志》,清乾隆三十一年

（1766）刻本。

[4]〔清〕何庆朝：同治《武宁县志》，清同治九年（1870）刻本。

[5]〔清〕许瑶光：光绪《嘉兴府志》，清光绪五年（1879）刻本。

[6]〔清〕鄂容安等：《襄勤伯鄂文端公年谱》，载中国社会科学院历史研究所清史研究室编：《清史资料》第2辑，北京：中华书局1981年版。

[7]〔清〕金门诏：《休宁金氏族谱》，清乾隆十一年（1746）刻本，国家图书馆古籍馆藏。

四、参考著作

[1] 谢国桢：《明清笔记谈丛》，北京：中华书局1960年版。

[2] 张秀民：《中国印刷史》，上海：上海人民出版社1989年版。

[3] 黄爱平：《〈四库全书〉纂修研究》，北京：中国人民大学出版社1989年版。

[4] 李致忠：《历代刻书考述》，成都：巴蜀书社1990

年版。

[5] 章乃炜、王蔼人编:《清宫述闻》(初、续编合编本),北京:紫禁城出版社1990年版。

[6] 北京故宫博物院图书馆、辽宁省图书馆编:《清代内府刻书目录解题》,北京:紫禁城出版社1995年版。

[7] 齐秀梅、韩锡铎:《亘古盛举:〈古今图书集成〉与〈四库全书〉》,沈阳:辽海出版社1997年版。

[8] 张秀民、韩琦:《中国活字印刷史》,北京:中国书籍出版社1998年版。

[9] 钱存训:《中国纸和印刷文化史》,桂林:广西师范大学出版社2000年版。

[10] 裴芹:《古今图书集成研究》,北京:北京图书馆出版社2001年版。

[11] 郑曦原等编译:《帝国的回忆:〈纽约时报〉晚清观察记》,北京:生活·读书·新知三联书店2001年版。

[12] 潘吉星:《中国金属活字印刷技术史》,沈阳:辽宁科学技术出版社2001年版。

[13] 杨珍:《清朝皇位继承制度》,北京:学苑出版

社2001年版。

[14] 徐忆农:《活字本》,南京:江苏古籍出版社2002年版。

[15] 翁连溪:《清代内府刻书图录》,北京:北京出版社2004年版。

[16] 黄永年:《古籍版本学》,南京:江苏教育出版社2005年版。

[17] 詹惠媛:《〈古今图书集成·经籍典〉体制研究》,载潘美月、杜洁祥主编:《古典文献研究辑刊》八编,台北:花木兰文化出版社2009年版。

[18] 苗日新:《熙春园·清华园考——清华园三百年记忆》,北京:清华大学出版社2010年版。

[19] 张升:《四库全书馆研究》,北京:北京师范大学出版社2012年版。

五、参考论文

(一)期刊论文

[1] 万国鼎:《古今图书集成考略》,《图书馆学季刊》

1928年第2卷第2期。

［2］ 袁同礼：《关于图书集成之文献》，《图书馆学季刊》1932年第6卷第3期。

［3］ 张崟：《古今图书集成再考》，《新中华》1936年第4卷第4期。

［4］ 胡道静：《〈古今图书集成〉的情况、特点及其作用》，《图书馆》1962年第1期。

［5］ 张秀民：《清代的铜活字》，原刊《文物》1962年第1期，亦载《张秀民印刷史论文集》，北京：印刷工业出版社1988年版。

［6］ 杨玉良：《〈古今图公集成〉考证拾零》，《故宫博物院院刊》1985年第1期。

［7］ 徐金法：《〈古今图公集成〉编者考》，《文献情报学刊》1989年第3期。

［8］ 裴芹：《〈古今图公集成〉康熙敕命开局编纂说质辨》，《文献情报学刊》1990年第4期。

［9］ 张何清：《从〈古今图书集成〉看中国类书的特点》，《河南师范大学学报》（哲学社会科学版）1990年第1期。

［10］ 裴芹：《〈古今图书集成〉与〈四库全书〉》，《内

蒙古民族师院学报》1990年第1期。

[11] 卢秀菊:《清代盛世之皇室印刷事业》,载《中国图书文史论集》,北京:现代出版社1992年版。

[12] 王继祥:《珍贵的铜活字印刷文献〈铜板叙〉》,《文献》1992年第2期。

[13] 裴芹:《〈古今图书集成〉研究论著目录》,《文教资料》1994年第1期。

[14] 崔文印:《说〈古今图书集成〉及其编者》,《史学史研究》1998年第2期。

[15] 范景中:《铜活字套印本〈御制数理精蕴〉》,《故宫博物院院刊》1999年第2期,亦载上海图书馆历史文献研究所编:《历史文献》第2辑,上海:上海科学技术文献出版社1999年版。

[16] 裴芹:《今存雍正版〈古今图书集成〉知多少》,《书品》2000年第4期。

[17] 袁逸:《雍正与〈古今图书集成〉之委曲》,《光明日报》2000年1月27日。

[18] 王钟翰:《陈梦雷与〈古今图书集成〉及助编者》,《燕京学报》2000年第8期,亦载入氏著《清史余考》,沈阳:辽宁大学出版社2001年版。

[19] 聂家昱:《〈古今图书集成〉及其编纂者陈梦雷》,《图书与情报》2003年第3期。

[20] 翁连溪:《谈清代内府的铜活字印书》,《故宫博物院院刊》2003年第3期。

[21] 曹红军:《〈古今图书集成〉版本研究》,《故宫博物院院刊》2007年第3期。

[22] 辛德勇:《重论明代的铜活字印书与金属活字印本问题》,《燕京学报》2007年第2期(新23期)。

[23] 詹惠媛:《〈古今图书集成〉研究回顾(1911—2006)》,《汉学研究通讯》2008年第27卷第3期。

[24] 裴芹:《陈梦雷"校正铜版"释考》,《文献》2009年第4期。

(二)学位论文

[1] 刘凤强:《四库全书馆研究》,西北大学2006年硕士学位论文。

[2] 宋淑洁:《清代武英殿刻书研究——兼论殿本书籍的影响》,北京师范大学2006年硕士学位论文。

[3] 曹红军:《康雍乾三朝中央机构刻印书研究》,南京师范大学2006年博士学位论文。